融媒体传播机制
与创新研究

时代文艺出版社
SHIDAI WENYI CHUBANSHE

图书在版编目（CIP）数据

融媒体传播机制与创新研究／袁鑫著．－－长春：时代文艺出版社，2023.12
 ISBN 978-7-5387-7361-3

Ⅰ.①融… Ⅱ.①袁… Ⅲ.①传播媒介—研究Ⅳ.①G206.2

中国版本图书馆CIP数据核字(2023)第236254号

融媒体传播机制与创新研究
RONGMEITI CHUANBO JIZHI YU CHUANGXIN YANJIU
袁 鑫 著

出 品 人：吴　刚
责任编辑：徐　薇
装帧设计：钱金华
排版制作：钱金华

出版发行：时代文艺出版社
地　　址：长春市福祉大路5788号　龙腾国际大厦A座15层（130118）
电　　话：0431-81629751（总编办）　　0431-81629755（发行部）
网　　址：weibo.com/tlapress（官方微博）
开　　本：880mm×1230mm　1/32
字　　数：150千字
印　　张：7
印　　刷：廊坊市海涛印刷有限公司
版　　次：2023年12月第1版
印　　次：2023年12月第1次印刷
定　　价：76.00元

图书如有印装错误　请寄回印厂调换

作者简介
AUTHOR

袁鑫(1983.05—),女,汉族,河南清丰人,本科学历,职称是主任记者,职务是新闻部副主任,研究方向是新闻。兼任濮阳市青年联合会新闻出版和新媒体界别主任。工作以来,50多部作品获河南省新闻奖;荣获河南省新长征突击手、河南省第六届十佳新闻工作者、河南省学术技术带头人、河南省青年岗位能手等称号;入选2020年度中原英才计划"中原青年拔尖人才"(证书编号ZYYCYU202012199),并获得特殊计划项目支持。

前 言
PREFACE

在互联网时代,物联网和新媒体成为时代主力军,"融媒体"理念的提出、形成、应用、发展进入了一个新的时期,冲击着广播、电视、报纸、电影等传统媒体。随着互联网、移动客户端等数字技术日趋成熟,新媒体和传统媒体在市场中激烈地竞争。一方面,传统媒体在竞争中显现出颓势;另一方面,新媒体给予了人们许多便利,但同时也产生了许多新的问题。如果能以新媒体发展为前提,以互联网创新技术为手段,让传统媒体与新媒体的优势互补,使得两者的优势发挥得淋漓尽致,那么二者就能够一同为时代高歌,为人民服务。

发展至今,"融媒体"已不再是一个理念或者一个独立的媒体。目前我国融媒体平台建设主要采取以政府为先导、传统媒体为主体的建设思路,以县级为单位建设融媒体中心平台,融合传统媒体和新媒体以及多种形式的媒体,在有关部门的支持下,把党务、政务纳入其中,开展综合服务。融媒体平台具有信息量大且传递速度快、管理合理、播出发布融合化等特点,其中直播回传、资源共享、大数据采集、资源汇聚等功能为广大用户提供了有价值的信息和创作源泉。县级融媒体平台的技术核心是平台创新,通过将平台上的岗位进行权限划分,沿用传统媒体的管理机制,使审批流程和播出流程统一到一个平台上。平台创新技术在于生产工具应用,利用平台上的资源进行在线编辑、在线审核传输,提高了效率。利用"北斗定位"系统进行定位,成为融媒体平台的一大亮点,它有助于实现区域内各部门之间的统一指挥、合理调配、通联协作。

本书致力于通过对融媒体服务过程中多样化的传播主体、多元化的传播渠道、多模态的传播内容和差异化的受众需求进行抽象和概括,厘清融媒体服务的具体特征与形式,建立融媒体服务模式的表示、分类、建模和评估方法,并从体系结构视角,加强融媒体服务模式的顶层设计,构建开放互通、协同演化的融媒体体系结构和相关技术支撑,形成一个适应信息传播技术发展与媒介环境变化的融媒体服务模式理论框架,指导各级各类媒体优势互补、各展所长,差异化发展、协同性融合,从而实现资源互通、内容兼容、宣传互融、利益共融。

目 录
CONTENTS

第一章 绪论 ··· 001
  第一节 融媒体的本质 ································ 001
  第二节 融媒体的特征与属性 ·························· 011
  第三节 融媒体产品的内容与开发 ······················ 031
  第四节 融媒体产品的传播载体 ························ 044

第二章 融媒体直播通道的传播机制 ······················ 056
  第一节 融媒体移动直播 ······························ 056
  第二节 移动直播的条件 ······························ 060
  第三节 记者外采直播通道 ···························· 064
  第四节 直播内容审核与准备工作 ······················ 066
  第五节 直播应急措施与记者角色定位 ·················· 069

第三章 融媒体微信公众号的传播机制 ···················· 078
  第一节 微信与微信推文编辑 ·························· 078
  第二节 微信编辑的基本要求 ·························· 089
  第二节 微信视频采集工具及功能 ······················ 096
  第四节 融媒体平台微信模块的基本功能 ················ 098

第四章 融媒体社交媒体的传播机制 ……100
第一节 社交媒体概述 ……100
第二节 核心社交媒体传播 ……102
第三节 衍生社交媒体传播 ……115

第五章 融媒体时代新闻传播机制创新发展 ……121
第一节 融媒体时代的新闻传播 ……121
第二节 融媒体背景下电视民生新闻的创新与发展 ……137
第三节 媒体融合时代贯穿正确的舆论导向研究 ……159
第四节 融媒体时代下提升主流媒体舆论影响力的思考 ……164

第六章 融媒体时代媒体参与社会治理传播机制创新 ……170
第一节 县级融媒体中心在社会治理中的功能 ……170
第二节 县级融媒体参与社会治理的创新路径 ……185
第三节 融媒体时代社会治理传播机制创新策略 ……200

参考文献 ……211

第一章 绪论

第一节 融媒体的本质

一、融媒体是不同类型媒体之间的交叉融合

从媒体发展的历史来看,印刷术发明后,纸质媒体是第一个具有真正广泛传播力的公共媒体形式,直到广播的发明和使用。广播的传播形式逐渐体现出优于印刷媒体的便利性和直接性,广播的及时性是印刷媒体无法比拟的。在此之后,电视媒体的出现,弥补了广播媒体视觉传播力的不足和缺陷,纸张的视觉性和广播的直观性走到了一起。然而,纸质媒体、广播媒体和电视媒体的关系是不断发展的,没有交叉融合,各有各的优势和劣势。

(一)对于受众来说,纸质媒体更适合精读

第一,读者可以接受那些经过仔细和反复审查的信息。第二,纸质媒体可以为读者提供极大的选择自主权。也就是说,读者可以反复选择先阅读信息的哪些部分,忽略哪些部分,关注哪些部分等。第三,他们可以独立地选择将注意力集中在哪里,以何种顺序阅读信息。纸张是为读者提供很多阅读自主权的传统媒介,是最简单、最便宜的信息存储

方式,也是最容易让读者追踪和回顾的媒介。这些特点是广播和电视所不具备的优势。①

(二)广播的优势在于便捷性和时效性

电台广播可以实时传达信息,听众和新闻信息网站之间没有时间障碍。这是纸质媒体所不能做到的,纸质媒体需要经过复杂的排版、印刷、运输、分发和销售程序,才能够和人们见面,其中时间压缩到最短也无法和及时传播的电视广播比拟。

(三)电视媒体同样具备直播的时效性,而其最大的优势则是"可视性"

对于观众来说,他们能够从各种感官对象中,如听觉、视觉,甚至触觉、嗅觉中来满足自己的信息需求,但若是能够一次性地从一种媒体中让全部感官都接受到信息,那便是最完美的信息接受形态。其中,电视媒体可以从视觉和听觉上满足观众的感官需求。由于这个原因,电视媒体长期以来一直被定位在媒体形式金字塔的顶端。毕竟,它是唯一能够满足观众不同感官需求的媒体。

然而,这三种媒体形式长期以来一直以三足鼎立的状态存在,彼此之间没有交集,因为它们各自的优势很少有交集,更谈不上互补或兼容。这样一种平静的状态一直维持到20世纪末。

在互联网络技术慢慢成熟的现在,各种基于电脑、手机等屏幕载体将电视、广播、纸质媒体的优势聚合起来。随着21世纪各种高度互动的媒体平台(主要搜索引擎、各种

---

① 李万才,王孟广. 融媒体与频道节目运营[M]. 北京:中国广播影视出版社,2019.08.

APP、社交软件等)在电脑和手机屏幕上的出现和爆炸性增长,人们已经形成的信息获取渠道和习惯也逐渐随之更改,电脑和手机比起电视广播和纸质媒体,兼顾了可看、可听、可阅读等感官特性,同时又拥有着超越电视广播的及时性,网络的普及使得人们随时随地都可以浏览新闻信息。更重要的是,观众在信息选择上获得了更大的自主权,他们现在可以根据自己的喜好、时间、地点等来选择获得哪些信息。或者,他们可以决定获得这些信息的顺序。电视、纸质媒体和广播的信息传输形式被整合到电脑、手机等平台,而且这些平台不仅融合了这些信息的形态,还拥有更多的办公与娱乐功能,人与人的社交也因此变得更加便捷与广阔,在这些平台上人们能够运用种种功能来辅助学习与生活。

(四)融媒体在形态上融合的范例

媒介形态的融合不是物理意义上的硬性结合,而是一种质的变化,就像产生化学反应一样。在某种程度上,互联网和数字技术、大数据技术或未来的人工智能技术所创造的媒体形态其实是全新的产品,其在电视、广播、平面媒体融合后的媒体形态只是这种新兴媒体的一部分。

比如,《人民日报》融媒体矩阵的布局,就是融合了纸媒、电视、广播的媒体形态和特点,还利用了目前最先进的视频技术,能够将观众的视听体验无限拔高,达到一种身临其境的感觉。以2018年3月的全国两会报道为例,《人民日报》推出了一档名为《我来北京看两会》的小程序,观众可以通过该节目选择自己的家乡所在地,并收听习近平总书记的讲话原文。在从家乡"抵达"(虚拟抵达)北京后,观众可以选择以天安门广场、人民大会堂和两会为背景进行拍照,给人以强烈的体验感、参与感和现场感。

同时,《人民日报》还推出了多种多样的关注渠道,观众可以通过各个平台观看视频或者直播,可以在微信公众号关注账号,阅读推文,可以在官方网站实时跟进新闻内容,还可以点进小程序,享受最新的VR科技带来的视听享受。总的来说,《人民日报》在新闻技术和内容形式安排上,已经形成了一条涵盖传统和现代媒体形态的完整媒体生产线,并将这些媒体形态充分整合,形成了新闻层面的融媒体矩阵。

从《人民日报》手机客户端的日常内容结构来看,其常规内容以视频信息为主,内容板块的设计也接近电视媒体的逻辑。

从《人民日报》的案例可以看出,随着科技的发展,传统的纸媒逐渐向文字阅读、声音聆听、视频观看的社会化融合媒体方向发展,受众接受《人民日报》内容和信息的方式和体验已经摆脱了传统平面媒体的束缚。

二、融媒体是受众群体的融合

受众群体融合是指整合传统的印刷品、广播、电视等媒体的受众观念和信息接收方式。几年前还可以看到一些景象,如老年人仍习惯于打开报纸研究纸上的有限信息,或者一些时尚的年轻人保留一份新潮的杂志来研究最新的时尚趋势。而现在这些场景已经基本消失了,无论什么年龄段的人都可以通过手机用听、读、玩的方式获取需要的、感兴趣的信息,人们获取信息的方式不再有任何区别。

受众群体之间的界限越来越模糊,面对互联网上的海量信息,有不同内容偏好的观众可能会主动或被动地接受他们不感兴趣的内容。例如,一些年纪较大的用户平时不会关注一些流行元素,这些观众认为他们对年轻人的东西不太感兴趣,所以在现实生活就不会接触到。然而,在互联网上,这类观众可能会突然看到通常是年轻观众感兴趣的信息,但这些信息的兴趣点可能与他们的兴趣点一致,从而完成老年观众与年轻观众的融合。

(一)受众群体融合的实质

媒体在观众层面的融合,更本质的体现为对观众的态度和观念的整合。其一,有一个共识,即无论受众的层次、年龄、社会取向如何,互联网数字媒体是唯一能够综合提供全面、丰富信息的媒体;其二,互联网数字媒体形式不能按年龄或类型划分;其三,任何传统的媒介形式已经不能单独满足受众的信息需求。

(二)融媒体在受众层面融合的范例

广播是一种媒体形式,广播是接收终端,音频是唯一的内容载体。从广播的诞生到21世纪初,广播电台基本没有变化,但随着媒体融合的逐步深入,广播也发生了本质的变化。

以中央人民广播电台(现已与中央电视台合并)为例,观众不仅通过传统广播(主要是车载收音机),还通过CCTV.com、公众号、微博等形式接收其内容信息。尤其是CCTV.com,在内容载体方面已经成为一个全面的媒体,整合了图文信息、广播信息、视频信息和互动平台等元素。在内容载体上,它已经成为一个全方位的媒体平台。比如,与广播本身相伴的,除了传统的音频传输外,还有大量精美的图片新闻、与央视同等制作水平的视频节目,当然,大量的文字新闻、深度文字报道和评论文章也是重要内容。

当然,作为以声音传播为主的融合型媒体,央视的传播方式还是以声音为主,但也采用了其他一些传播内容的方式。同时,这也使它在众多同质化的综合媒体平台中具有不可替代的地位和极具吸引力的特点。观众可以用听广播的方式接收各种信息,同时浏览众多的图文、视频信息;央视对传统媒体的在线整合是多维度的、全方位的。

观众可以在网站上自由切换角色:广播听众、电视观众、报纸读者、互联网用户,等等,各种受众类型在央视平台上得到充分整合。

另一家以视频为主要传播形式的媒体——中央广播电视总台(CCTV),同样将图形、图像和声音等传统媒体元素进行了化学反应;以公众号CCTV新闻为例,它不仅为观众提供所有的曾经在传统电视上才能收看的视频节目,而且还提供大量的图文信息供观众阅读。该平台还有一个独立的栏目"夜读",在这个板块中,各种经典文学作品和传记文学作品不仅以图文的形式呈现,还由央视知名播音员以声音语言艺术的形式呈现,让观众通过手机设备这一载体来多方位阅读文学作品的内容。观众可以通过手机载体近距离阅读文学作品,通过播音员的朗读感受文学作品的深邃美感,这一平台正是通过这种形式,将声音语言艺术爱好者和文学爱好者聚集在一起。

三、融媒体是内容表达与创作方式的融合

(一)融媒体的内容创作者的"去专业化"趋势

所谓内容表达与创作方式的融合,是指内容创作与生产的供给侧的变化。在电视、平面媒体和广播时代,内容的

获取、整理、表达和传播过程是由专业的从业人员来完成的,外行人基本无法介入,专业人士和外行人之间的隔阂非常明显,差距也非常大。然而,在融媒体时代,媒体内容的获取、整理、表述和传播已经在很大程度上转移到了公众身上:微信公众号、微博、视频网站或各种视频App、直播App和音频App,为公众提供了一个参与图片、文字、声音和视频内容的获取、制作和传播的平台。从那时起,媒体从业人员一词不再是一个纯粹的技术术语,"媒体人"的定义变得更加广泛,更加非技术性。每个人都可以是媒体人,每个人都可以成为媒体内容生产者。媒体内容的表现和生产方式,从制作者(即从业人)的角度就开始产生最根本的融合。

(二)融媒体内容创作方式的"简化"趋势

在传统媒体中,内容的发布必须经过"报批、筹备、获取、整理、审查、发布"等阶段,这是传统媒体生产线的基本组成部分。然而,在全民媒体的时代,"报批"过程已经失去了其必然的价值,所有人都可以自由上传自己的作品;"筹备"阶段对于今天很多随机拍摄的视频和音频内容已经失去了其固有的价值,而"整理"阶段对于内容创作者来说,没有时间、精力和强烈的爱好也可以忽略不计,"审查"阶段对于综合媒体平台来说,除开那些敏感内容审查,在其他诸如技术、内容、专业性上已经非常迷糊。对于大多数综合媒体平台来说,"发布"已经是一项非技术性的工作,不同于印刷媒体等传统媒体要经过印刷和运输分发,也不同于广播要经过专业和职业审查,广播这种综合媒体,内容信息还需要通过专业的广播电台和转播站由专业的播音员宣读,而电视则需要经过更加复杂的手续与程序,但融媒体时代的发布者只需点击屏幕就可以完成内容信息的发布。

由此可见,今天的综合媒体的内容生产线已经被大大简化和整合,其生产者也是高度整合的,包括专业的和非专业的。

四、融媒体是内容发布者与接收者之间的融合

在传统媒体时代,观众和内容创作者之间的实时互动,以及大规模、普遍的实时互动,基本上是不可能的。纸质媒体与受众之间最大的互动是非实时的双向交流,例如通过"读者来信"和"编辑问答"等环节和读者交流。而电台虽然可以通过听众电话与播音员进行实时互动,但是受限于直播时间,沟通范围非常有限,数量也很少,电视的互动性还不如电台的互动性。

从总体上来看,传统媒体与受众之间没有实时互动的范围,即使有,范围也非常小。媒体从业者无法获得实时的受众反馈,观众也无法以有效的渠道和方式向媒体提供相应的信息。

融媒体时代的媒体是基于数字技术和互联网相结合的物理平台,可以打通媒体和受众之间的公开交流渠道,观众可以在微信评论区、微博、新闻资讯网站等进行实时、等量、大规模地交流,实现了内容创作者和受众之间大规模的实时信息交流,各种视频的弹幕功能也实现了大量的浏览者进行信息交流。同时,现在综合媒体平台上的大部分信息越来越多地来自传统媒体时代的内容接受者,比如抖音,几乎所有的内容都来自受众,而受众又通过平台接受来自他们身边的信息。信息创作者和发布者与公众之间的信息

交流不再有任何障碍,双方实现了无缝对接。

五、融媒体是媒体与某些产业领域的融合

融媒体的出现使媒体部门从媒体产业扩展到其他产业和部门,包括相关的和不相关的。这虽然跳出了媒体本身所涉及的范畴,但是事实上,媒体是许多其他产业和部门发展的工具(媒体的本质是宣传,如何为相关产业和部门的发展争取公众的支持和合作,实际上是对媒体本身发展的传统命题)。与传统媒体时代相比,融媒体时代下,媒体与各种产业和部门之间的融合在技术上更具有可行性和可实现性。融媒体在其他产业之间发展或者其他产业借助融媒体宣传已经是一个非常常见的现象,促进媒体内容形态不断创新发展,创作内容也是百花齐放,也就是实现了产业与媒体的融合——产媒融合。

融媒体在产业交叉融合领域的范例:

《区块牛人》在表现形式上是一档相对传统的访谈节目(其创始人是毕业于四川传媒学院影视学院的牛圆),但其生存空间的特点是产业和媒体融合的典范——节目与网络金融行业,特别是区块链技术带动的新兴金融行业融合,进行节目推广。通过利用媒体自身的影响力来推广区块链技术和基于区块链的金融业务,推动区块链的发展。同时,金融企业也在发挥其资本优势,帮助开发和完善栏目本身。

再如微信公众号《一条》。这个公众号的创始人徐沪生是上海一家纸质杂志的负责人,杂志的主要目标受众是中产阶层和小资家庭,所以徐沪生在创建《一条》这个由移动数字终端支持的数字媒体内容时,延续了纸质杂志内容的一些特点,比如一些精美的摄影与插画、专栏式的内容布局

以及充满小资情调的文笔风格。

  《一条》真正的跨界是经营电商平台，这是将产业与媒体融合最典型的特色发展。与其他电商平台不同的是，该平台上销售的每件产品都有相应的精彩评论和优美的小故事，而不是生硬的广告；每天都会播放一段精美的视频，向公众和潜在消费者传达一种美的理念和生活方式，以及在审美层面传达一种更积极的生活态度。换句话说，《一条》每天都以精美的视频吸引着受众的注意力，以此来增加流量和话题度，而这些流量与它所倡导的生活态度和精神一起，成为电子商务平台《一条》销售产品变现的强大动力。反过来，商品销售带来的巨大流量又能使其视频和图片内容得到更高层次的发展。

  这种自媒体和电子商务的结合，将触角延伸到了线下销售，线上营销推广和线下销售同时进行——《一条》公众号旗下板块"一条生活馆"的注册用户已经突破了一百万。不仅产品可以在线销售，而且还有一些线下商店，为用户提供更传统但拥有强烈体验感的购物体验。

  总的来说，《一条》对融媒体的定义包括了精美的杂志化语言内容、电视化的视频演示、数字媒体的强互动性……更重要的是，它通过跨行业活动（广告、流量、零售）的交叉融合来实现收益化，而不是仅依靠广告和媒体流量来创造收入。

第二节 融媒体的特征与属性

一、融媒体的主要特征

(一)融媒体的主要特征

建设融媒体平台,推进融媒体发展成为互联网时代的新趋势。融媒体不仅融合了传统媒体,吸收了新媒体,还接纳了不断涌现的新兴平台。融媒体具有以下十个特征:

第一,高时效、碎片化互动性(社交化)、深入性、短暂性、颠覆性,是融媒体的主要特征。由于融媒体是互联网时代的产物,因此其高时效、碎片化、互动性特征非常显著。

第二,包容性和交融性。各类媒体相互渗透、相互影响,形成了一个相对独立的媒介环境。传统媒体和新媒体的交融,新的媒介形式的出现,都需要有包容性和交融性。

第三,移动客户端为主体。以手机客户端为代表的移动互联网媒体作为第五媒体,以新媒体的方式将主流媒体重新定义。移动互联网是融媒体发展的一个前提条件,从新媒体发展到今天的融媒体依靠手机、平板电脑等移动终端,实现了采、编、播的一体化,移动终端成为互联网时代新技术发展的一个标志。

第四,权威发布。"权威发布"被个性化重新定义,有思想、有传播能力(表演、演说、写作能力)的自媒体成为舆情中心。这是由融媒体平台现有的性质决定的。目前由地方政府建设的融媒体平台主要是为当地的政治经济、教育等服务的。

第五，严肃性与自由性的统一。媒体人和受众的界线正在淡化。

第六，专业、精细、有特色（个性），是新媒体人立足的法宝。融媒体平台建设催生了一个新群体——融媒体人。他们在融媒体平台上采集搜索信息，编辑、制作、传递信息，进行资源共享、交流互动。

第七，传媒为基础，融合为方向。新媒体与传统媒体相互依存而不是取代，形成立体的"融媒体"。传统媒体在互联网时代要转变观念，求得发展，不能停止脚步。传媒为基础，融合为方向，这是互联网时代媒体融合的核心。

第八，"开放、互动、包容"三性统一。开放性（对行业和社会）、互动性（容许各种评论）、包容性（吸收更多的创新产品）是融媒体生存和发展的"命门"。以地区为主体的融媒体平台建设，体现的就是开放性；互动是互联网的一大特性，互动把人们拉近了，让世界变小了；包容性，即对任何新生事物必须有"海纳百川"的胸襟。

第九，资源优化，科学管理。媒介所有权、信息采集、新闻表达和记者技能的融合，会不断催生新的形式并使其升级。融媒体平台的建立让不同媒体走到一个平台上，使不同媒介融合为一个中心。信息采集、使用，资源优化、合理利用，需要一套科学管理体系来约束，这不仅涉及版权问题，而且还涉及效率问题。

第十，权限划分，智慧服务。由智慧服务的互动方式取代简单粗暴的管理方式。融媒体平台的一个关键技术是权限划分技术，利用这一技术，能够根据不同的职务确定人们在平台上的权限,解决了编审播出管理的瓶颈问题,实现了智慧服务、智慧分割功能,能有效地管理每一条信息的采集、审核、编辑和发布。

(二)新媒体与融媒体的关系

互联网时代新媒体和融媒体相互交融,它们之间是既辩证统一又相对独立的关系。

1.新媒体是融媒体应用的一部分

融媒体的任务实际上是促进新型信息技术在传统媒体中的应用,以及它们与新型信息媒介的共存。新媒体在不断发展,融媒体平台在不断发展,融媒体技术也在不断创新,新媒体和传统媒体的融合是一个复杂的任务。新媒体在媒体融合过程中有着不可或缺的地位,微信、微博、QQ、微视频、网站是融媒体平台的重要力量。

2.新媒体发布依托融媒体

在融媒体平台搭建之前,新媒体出版主要是分散的。大型社交媒体平台的出现使发布内容更加自由和便捷。人们通过互联网可以随意发布视频和照片、文章和写的句子,但个人发布的影响力小,受众有限,传播力弱,不能引起公众的广泛关注;而门户网站和自媒体发布有一套确定的发布流程,影响力较大,受众较广,有一定的魅力。要有效地发布新媒体内容,最好的选择是使用综合媒体平台。

一键发布是融媒体平台的核心技术,它整合了传统媒体的发布系统,也整合了新媒体的发布渠道,链接了门户网站和发布平台,为不同类型的新媒体提供快捷的发布渠道,同时它还可以收集自媒体的有价值信息,反馈给平台上的媒体应用。融媒体平台资源管理系统使用云平台和连接技术,通过输入关键词提取自媒体发布的有价值的信息,从而达到资源共享的目的;融媒体平台的审核流程和管理系统采用智能细分技术,更加清晰、有序、快速、便捷,便于内容审核和发布。

3.新媒体分散,融媒体集中

去中心化是新媒体的一个关键特征。自媒体的发展加速了去中心化的扩张,"人人为媒体,人人被媒体"的时代已经到来。在自媒体时代,不同的声音来自四面八方,人们各自根据自己接受的信息做出判断。与专业媒体机构不同,自媒体是一种由普通民众推动的信息传播活动,将传统的"点到面"转变为"点到点"。同时,它也是一种与用户分享信息的方式,传播的信息既是私人的也是公共的。

融媒体的一个重要特点是融合新旧媒体,形成一个媒体焦点。由于每种媒体都有自己的传播和发展规律,因此必须确保不同的媒体有机地配合,以保持一致性。融媒体技术的融合可以在空间和时间上进行巧妙的协调和资源共享,从而确保信息传播的协同效应。

融媒体将多种媒体有机的集合起来,实现了集成。这适用于图像、图形、文字、语音、视频和其他媒体信息,但"融媒体"反映的不仅仅是"跨媒体"时代的媒体互联,而是一种全面的整合——网络媒体和传统媒体充分互动,充分互补,全面融合。总之,融合媒体具有覆盖面广、技术手段新颖、媒体种类多、受众面广等特点。

(三)融媒体媒介技术

融合媒体平台的发展阶段是由新媒体技术决定的。媒体技术发展到今天,媒体已经不再是一个拥有单一媒介的社会组织，而是一个拥有多种媒介的复合社会机构。这种变化就像一个化学反应，它不是不同媒介的简单相加，而是一个综合的、多层面的发展。媒体的开放取决于技术先决条件，而技术先决条件又决定了媒体的发展。互联网时代的特点是新技术和移动连接的出现，这在未来将促进云计算和物联网的智能化，以及智能集成环境的出现。这些技术革新将进一步提高媒体环境的开放性。例如，4G技术的发展解决了移动连接的基本技术问题，使移动连接服务进入了普及阶段。现在，5G网络传输技术将促进媒体开放性的深入发展，涉及不同领域。因此，移动互联的互动生产与技术前提条件密切相关。提供移动互联网服务，首先需要配置理想的移动终端（现阶段最理想的是5G手机）；配置不好的移动终端，就不能完全发挥移动互联网服务。从媒体角度来看，配置完善的移动终端是多媒体设备的终端，是融媒体平台的基础。用户可以使用他们的移动终端来编辑、创建和发布文字、声音、图像和视频，促进融媒体的生产。

无论人们如何看待当前的媒体发展，事实是，媒体之间的界限正变得越来越模糊。以前对广播、电视、报纸、杂志等的定义在开放的媒体生态中已经完全改变。一方面是媒体融合的趋势，另一方面是媒体"入侵者"的出现使得"边缘类媒体"的扩张和媒体生态集群形成。融媒体促进了媒体的开放和技术创新。例如，从模拟到数字，再到现在的智能移动电话，改变了媒体开放的程度。从2G到3G、4G和5G，媒体加快了传输速度，提供了更多的内容。这表明，媒体开放性与新媒体技术密切相关，每一次技术革新都给媒体带来了巨大变化。

二、现阶段媒体融合特征

(一)媒体智能化

随着传感器、机器人、算法建议、虚拟现实等智能技术在新闻信息的采集、生产、传播和消费中的应用,媒体智能化已成为未来媒体发展的重要趋势,"智能"和"融合"是其主要特征。有学者认为,智能媒体是媒体融合的必然产物,媒体融合的进化路径是渐进式的,从在线化、数据化、平台化到智能化,而媒体智能化也是媒体融合达到进化路径顶峰的重要路径。有研究者认为,全媒体和融媒体是媒体演进过程中的过渡性概念,智能媒体将成为未来互联网的主要媒体形式。在第三次媒体融合浪潮中,媒体融合将以"智能媒介服务主体"的形式出现,即为"泛媒体"提供一个全面、智能、综合的平台。

新华社是中国媒体中最早探索智能化的媒体。早在2016年,新华社就发布了《关于智能编辑部发展的报告》,制定了加快建立智能编辑部的计划。2018年12月26日,智能编辑部"媒体大脑"落地,成为中国首个具有智能新闻生产与分发、版权监管、人脸验证、智能对话、语音合成等功能的智能媒体生产平台。2018年全国两会期间,媒体大脑自动生成了两会系列视频报道。同年6月,媒体大脑2.0"MAGIC"智能生产平台上线,在世界杯期间自动实时生产短视频新闻稿件。该平台还具有开放性,将媒体大脑智能制作平台的功能和服务提供给其他媒体机构使用,为我省媒体融合的智能发展做出了贡献。此外,一些地方媒体也开始在媒体融合实践中实施智能技术,如四川日报报业集团封面传媒建立了"天眼"新闻数据可视化系统和"VR新闻实验室",并联合推出垂直新闻知识系统。

基于大数据、云计算、物联网、人工智能等智能技术,智能媒体可以通过人机合作创造新闻,提供服务,提高新闻生产效率,同时实现传播效果,提升服务质量。从这个角度看,当前国内媒体融合已经进入智能化阶段,智能化已经覆盖到媒体日常生产经营的各个环节,如情报检测、采编、内容发布、影响反馈、舆情监测等。

(二)全媒体传播

全媒体是实现媒体融合的一种手段,也是媒体融合的一种表现。全媒体包括全媒体矩阵的渠道基础和"四全"(全程、全息、全员、全效)媒体的运营核心。全媒体矩阵认为纵向矩阵为报纸、广播、电视、博客、微博、微信等不同媒体平台,横向矩阵为时间,不同媒体平台在同一空间内同时传播,实现信息传播的全方位、多渠道、立体式覆盖。也就是说,在传播时间和空间的控制上,它是"即时性"和"全时性"的;在传播媒介上,它是全息的,即实现了"全形态"和"深体验";在传播方式上,它是全方位的。在反馈和互动方面实现了"多元参与"和"多向互动";全效,即媒介必须达到"效果把握准""平台功能全"的标准。

一方面,完整的媒介矩阵在创新内容生产、传播渠道和媒介协同方面为媒介融合提供支持,是媒介融合的重要力量。从中国媒体融合的现状来看,从中央媒体、省级媒体到地市级媒体乃至县级媒体,媒体融合的目标都是构建完整的媒体矩阵。根据《人民日报》研究院公布的数据,2018年,中央级报纸和省级党报全部开通网站、微博和新闻聚合平台,微信公众号和自建客户端的比例超过90%。2019年,省级党报在网站、微博、微信、新闻聚合平台和自建客户端方面实现了全覆盖,84.8%的省级党报托管在抖音平台上,中央级党报除抖音和自建客户端稍显滞后外,其他渠道也实现了100%覆盖。

另一方面,以"四全"为核心的媒体运营,即全流程、全信息、全人员、全效果,是对媒体融合深度发展的新表述和要求。通过打造"全媒体",目前中国有近400家媒体机构在云端进行信息生产和发布,通过云端内容生产和直播,缩短了新闻网站信息到达用户的时间,实现了信息传播的零距离。在探索全息媒体方面,一是在媒体形式上,在信息环境中传输媒体信息,实现报纸、杂志、广播、电视、网络、手机等的全面、立体覆盖。其次,在信息体验方面,许多国家媒体也开始制作和生产增强现实、虚拟现实、融合现实(MR)、数据新闻等融合新闻,为用户提供全方位的信息体验。在包容性媒体生产方面,一方面,通过吸引机构和自媒体人加入媒体平台,确保媒体构成的多样性;另一方面,通过大量的信息内容和新的、吸引注意力的传播形式,吸引受众参与。为了发展一个充分有效的媒体平台,国家媒体在拓展"新闻+"和"媒体+"功能的理念基础上,逐步提高其目标定位和服务能力。尽管中国媒体目前正在探索发展"四全"媒体,但在各个领域仍有很大的改进空间。

(三)平台功能拓展

我国媒体融合发展已进入深度融合阶段,融合的领域不再局限于新闻广播,而是新闻与服务的融合。传统媒体与新媒体的融合越来越向"新闻+服务""新闻+政务+服务""新闻+党建+政务+服务"等"1+N"模式发展。"1+N"模式正在从单一的新闻信息提供者向公共服务平台发展。就不同层次的媒体而言,有研究者提出,中央媒体形成各级主导媒体,省级媒体形成省级公共服务平台,地方(省)媒体形成地方综合信息服务平台。

在中国,地方媒体在将信息和服务纳入媒体发展体系方面处于领先地位。地方媒体利用与当地政府和市民的密切联系,为当地用户提供一站式公共服务。湖北广电的"长江云"集政务、服务、新闻于一体,旨在打造政务信息发现与移动政务平台、舆情管理与意识形态管理平台、社会管理与智能民生服务相结合的平台。

除了政府服务和公共服务,媒体融合3.0时代的融媒体平台也是互联网商业逻辑的一部分。媒体融合平台通过对扶贫、农产品推广等方面的精准报道,实现内容的商业价值,同时也为公众提供电商商业服务。广西电视台新媒体部在原有电视节目《第一书记》的基础上,建立"第一书记"自媒体频道,搭建电商平台销售农产品,打造"互联网+媒体+产业"的精准营销模式。此外,地方媒体还将打造"云端扶贫矩阵",将其放在中央媒体平台上,扩大传播范围,将当地优质的农产品和旅游资源带给更多的受众,推动农村经济和现代农业产业化发展。

(四)移动场景传播

移动电话是当前媒体融合的趋势之一。移动媒体融合的发展表现在坚持以移动为导向的策略和场景化的传播思维,以及发展以智能终端、移动应用和网络平台为支撑的移动传播体系。

根据中国互联网络信息中心2022年的调查,我国手机网民数量已达10.47亿，99.1%的网民使用手机上网。用户获取信息的方式发生了变化，手机已经成为网民获取信息的主要方式。在媒体融合转型的过程中，各家媒体都在力推"移动优先"战略，致力于打造自己的传播平台，或利用互联网平台为不同的智能设备提供个性化的定制产品和服务。《湖北日报》在发布全媒体信息时，优先选择网站、客户端、微博、微信平台进行全天候信息发布；银川新闻传媒集团根据不同媒体形式，将信息发布分为几个层次，微博、微信等新媒体是24小时信息发布的第一层次发布平台。

在移动设备、社交媒体、大数据、传感器、定位系统"场景五力"技术推动的信息传播环境中，移动传播的思维也得到拓展，场景化传播思维成为移动传播新的发展方向。彭兰认为媒体融合的移动化包括场景化传播思维。胡正荣提出互联网发展的新阶段是以场景、个性化服务为特征的场景时代。移动场景传播根据用户所处时空和氛围进行精准传播。当前媒体融合的趋势正是在场景的基础上实现信息与服务个性化推送，从而实现移动传播的最大效能。

在过去的几十年里，媒体融合已经从行业的探索阶段进入国家战略阶段，目前正在向技术3.0驱动的智能媒体融合阶段迈进。媒体智能化、全媒体传播、平台功能的拓展和舞台上的移动传播共同构成了当前的媒体融合格局，据此，媒体融合的深度和广度将进一步扩大，媒体融合中心将承担起更多的社会功能。

三、融媒体时代的属性

(一)融媒体理念

互联网给人类带来了一场技术革命,在互联网时代,传统媒体受到的影响最大,因为新媒体的出现正在挑战传统媒体。在人们还没有来得及学习和使用新媒体的时候,全媒体的概念出现了,人们又开始了永不停息的辩论,每个人都想在互联网上定义这个新词。现在,融媒体横空出世,从概念到产业发展,只走了很短的路,结束了定义的理论争论。事物在发展,人类社会也在发展,社会的进步要靠创新。在互联网时代,创新成为一种新的驱动力,创造了新的事物,其中之一就是媒体融合。媒体融合一词最早由尼古拉斯·尼葛洛庞帝提出,根据美国麻省理工学院普尔教授的说法,媒体融合是指不同媒体的多功能整合趋势。

1.互联网媒体融合概念

媒体融合是在20世纪末提出的一个话题,如今,融媒体已经成为一个实实在在的产业。何谓融媒体?它又是怎样的一个产业呢?对于一个软件公司来说,拥有自己的融媒体理念,就能够创造出自己的一套完整的系统。"互联网+"与媒体融合在时间上的契合,表明任何关于媒体融合的探讨都离不开"互联网+"的时代背景,而"互联网+"也应当成为深入理解媒体融合的一个重要参数。

所谓融媒体,就是充分利用媒介载体,把广播、电视、报纸、互联网、新媒体等既有共同点又存在互补性的不同媒介,在人力、内容宣传等方面进行全面整合,实现"资源通融、内容兼融、宣传互融、利益共融"的新型媒体。也就是说,融媒体是在互联网时代的基础上,融合所有的媒体和媒介,向人们提供各类信息。我们应充分把握互联网时代发展的大趋势,依靠互联网思维,掌握"融"的内涵,在内容、机制、用户、技术、功能、平台等方面进行融汇、融通。

2.新型融媒体

融媒体理念的形成和发展,促进了融媒体产业的形成和发展。融媒体产业的兴起推进了融媒体新技术的开发和应用,而新媒体促使所有传播形态向数字化靠拢。从性质上看,新媒体就是融合媒体的主力军。而我们所说的媒体融合,实际上是站在传统媒体的立场上,将传统媒体与新媒体融合在一个空间中。这不仅仅是创设一个网站、开通几个微信公众号、发几条微博、拍几条抖音视频就能做到的,而是要从内容、渠道、技术、组织到运营进行全面改革与提升,打破原有流程,实现深度整合。

聚焦移动互联网应用场景,把传统媒体垂直化转型为新媒体与自媒体,这是媒体融合的发展方向。媒体融合的关键是组织架构重塑,而组织架构重塑需要靠流程再造来推动。融媒体平台的建立符合"互联网+"发展趋势,同时为传统媒体流程再造提供了现实的技术支持。

3."互联网+"是融媒体的先决条件

在互联网发展中相当长的一段时间内,我们把互联网看成一项技术或者一种传播手段和传播渠道。这是一种误读,造成许多混淆。因此,过去我们对互联网的应用和把握,一言以蔽之,即"互联网+"模式。这种思维在既有的工作逻辑、影响力逻辑、价值逻辑方面有一定的局限性;由于加上了互联网,多了一些平台和受众能接触的终端,所以很长一段时间内我们把互联网看成一种延伸物、一种工具,甚至淡化了我们的价值、管理能力、影响力等。这样的模式并没有把互联网的核心体现出来。

20世纪60年代,加拿大传播学者麦克卢汉提出了"媒介即信息"的观点:一种新的媒介的出现,最重要的不是它作为一种传播渠道出现,而是作为一种革命性的、改变社会的力量出现。控制论创始人罗伯特·维纳在其著作《控制与社会》中提出,人和人通过信息传播连接在一起,从而组成社会。这一理论出现后,很快便成为社会认叮度较高的理论。信息传播作为黏合剂,有什么样的信息传播的形态、方式,就有什么样的社会结构方式、组织方式。社会传播形态的重大改变,会引起社会结构、社会形态的深刻改变。

人们开始重新认识互联网时代,提出了"互联网+"融合理念。有些人似乎还不习惯这种用法,认为这是把互联网看成了一个"垃圾桶"。现在一些人对"互联网+"的认识仍然是"+互联网"的模式。

无论怎么说,"互联网+"以"融合"为标志,把互联网视为现实社会的基础。我们是在互联网的环境下展开工作的,我们必须适应新时期新常态的要求,创造出跟这样的时代和现实相匹配的大众传播模式和运营模式。

4.云计算是融媒体的核心

融媒体的开放性除了表现在技术的开放性、介质的开放性上,还表现在内容的开放性上,其内容制作与先前相比有很大的不同。

云计算,是近几年才得到广泛关注和应用的一种计算模式,是分布式计算、并行计算和网格计算共同向前发展的产物。系统前台采用实用付费的方式,通过互联网向用户提供服务。在运行系统后台,大量的集群使用虚拟机的方式,通过高速互联网互联,组成大型的虚拟资源池,提供智能分析数据的能力。这些虚拟资源池可自主管理和配置,用数据冗余的方式保证虚拟资源的可用性,并具有分布式存储和计算、高扩展性、高可用性、高用户友好性等特征。云计算是一个包含大量可用虚拟资源(例如硬件、开发平台以及服务)的资源池。这个虚拟资源池可以根据不同的负载动态地调整配置,以达到更高的资源利用率。

云计算的模式是媒体未来发展以及媒介融合的理想模式之一,实现了大数据分析、舆情分析、资源共享。从可行性来看,云计算的模式最适合大型传媒机构,如涵盖网络电视、电台、报纸杂志、移动媒体广告等多形态的传媒集团。借助云计算,可将复杂的权限管理和多媒体形态的报道呈现方式简单化,更可将复杂的受众订阅及定制服务简单化集约化。云计算与云存储的信息共享模糊了媒介之间的界限,当信息的区分度不大时,信息的形式就显得更重要了。这为融媒体的发展提供了动力,云计算与云存储同时为融媒体的管理提供了技术上的可能性。

云计算的出现对于媒体的影响是深远的,以往媒体竞争主要为"速度之争",而云计算提供了一种新的可能,从理论上而言,任何人都可以从云端获得信息,信息获得的"零时差"终结了"独家报道"的优势。竞争在另一层面展开,这一层面便是"独家阐释"。

5.一键群播是融媒体新技术的主要特点

同时在所有的媒介上播出同一条信息,这在传统媒体时代是不可思议的。以前如果要在不同媒介上同时播出一条新闻或信息,需要多方协调,还需要一定的技术支持等,如今融媒体平台可以轻松实现一键群播。把所有的媒介融合在一个平台后,怎么播、怎么审核怎么协调等问题都涌向融媒体平台。

在传统媒体中,播出节目需要经过很严格的审核流程,而在新媒体中,播出、发布变得便捷无比,速度更快,时效更强。融媒体的关键技术之一是权限划分,即按照管理者的身份划分职务权限。权限管理使得新媒体能在融媒体平台上更有效地发挥自身的特点,合理地、有章可循地把信息快速传递出去。

目前对融媒体平台的应用基本上是以当地政府为主体、以企事业单位为辅的。融媒体平台通过一定的流程完成信息的采集、编辑、传递,在区域内传递党和政府的声音,传递正能量,播出发布群众喜闻乐见的、寓教于乐的节目和信息,结合新媒体形式传递多种信息。

(二)融媒体的形式

融媒体时代,融合趋势已不可逆转。传统的纸媒也可以利用微信、微博或者自身客户端发布视频内容,而电视节目除了将生动的视频内容呈现在观众面前外,也能在网站、微信公众号、官方微博、专属客户端通过图文推送的方式发布最新消息。这样一来,传统媒介之间,传统媒介与新兴媒介之间在内容、网络或终端领域上慢慢趋同而导致边界日渐模糊。同时,数字电视和网络电视的出现,完全改变了观众对电视节目的认识,观众从以前单一的被动地接受变为如今拥有数不清的选择权。同样,相对于公众对网络新闻热情的持续高涨,我国的电视新闻从业者在融媒体时代也开始从生产制作的源头,即传播内容和传播形式的策划上来寻求迎合时代发展的策略。

纵观国内外学者专家对媒介融合概念与理论的探讨与分析,不难看出,很多学术界专家对媒介融合这一热点现象的发展形式做出了进一步的研究与调研。从目前的文献资料和实地考察中可以大致梳理出媒介融合的三种形式:媒体在技术上的融合,在内容上的融合,在产业上的融合。

媒体技术上的融合。所谓技术的融合,主要是指所有媒介元素的数字化,文字、图像、声音等各种媒介内容均被转化为数字信息后,就大大扩展了各自之间潜在的联系。同时,会使它们在不同媒介传播平台之间可以自由的流动与穿梭。例如,现在已经广为流行的微博、微信等形式。

内容上的融合。媒介元素的数字化,可以最大化地开拓与共享媒介传播平台。不同媒体之间既可以更方便地相互关联与嵌入,更可以根据某一时段,不同受众群体与受众市场的需求,重新进行媒介内容间的重组与构造,使各个媒体产品的呈现方式与平台更加丰富与多元化,以求更好地达到媒介资源共享。

产业上的融合。尽管数字化属于媒介融合中极为基础的形式转变,因此不能将媒介融合简单地理解为电视新闻节目的数字化。数字化的平台建设与共享,更凸显的是将会打消不同产业间的隔阂,拉动多面产业链的发展。例如,电视业、娱乐业、信息产业及其他传统的制造业等。而媒介融合的跨产业界的拉动也将毋庸置疑地带动产业的发行、电视的收视率以及互联网的使用及其点击率,引发多方位、全球化的经济效益。

随着信息传播技术和媒体格局的发展变革,媒体融合已经与中国社会转型和国家战略发展紧密结合,在社会信息传播各个实践层面不断迈向纵深。就国内而言,意识形态工作具有极端重要性。随着互联网和信息传播技术的发展,社会舆论生态、媒体格局、传播方式发生深刻变化,新闻舆论工作面临新的挑战,媒体融合时代下以"全程、全息、全员、全效"为特点的全媒体为新闻舆论工作的开展和提升提供了新的机遇。推进媒体融合发展和构建全媒体传播体系,是完善坚持正确导向的舆论引导工作机制的重要方面,对于巩固全体人民团结奋斗的共同思想基础,推进国家治理体系和治理能力现代化具有重大意义。从全球范围来看,一方面,算法、人工智能等新兴技术在媒体智能化快速发展的阶段将成为全球媒体运行的关键核心技术,中国通过媒体融合加快传播技术的转化和应用,借助核心技术实现弯道超车,成为国际传播中新的传播规则的重要制定者和新的传播秩序建立的重要主导者之一;另一方面,国际传播领域呈现移动化、社交化、可视化的趋势,亟须推进媒体融合,更新对外传播的方式和手段,以应对国际信息传播的新挑战。因此,政策语境下的媒体融合主要涉及媒体融合与新闻舆论工作,媒体融合与国家治理体系和治理能力现代化,媒体融合趋势与规律,媒体融合与国际传播,媒体融合与现代(全媒体)传播体系五大方面。

(三)媒体融合与新闻舆论工作

媒体融合与党的新闻舆论工作紧密相连。在全媒体时代,党的新闻舆论工作面临复杂的信息环境和人们获取信息方式的变化,媒体融合是党顺应时代潮流开展新闻舆论工作的重要一环,实现途径是通过推进媒体融合发展,打造具有传播力、引导力、影响力、公信力的新型主流媒体,以更好地发挥舆论引导功能。一方面,立足新闻传播规律提出"党的新闻舆论工作必须创新理念、内容、体裁、形式、方法、手段、业态、体制、机制,增强针对性和实效性",并且"要抓住时机、把握节奏、讲究策略,从时度效着力,体现时度效要求";另一方面,从媒体传播实际情况出发,对党的新闻舆论工作提出"适应新传播环境分众化、差异化传播趋势"的新要求,开展新闻舆论工作要主动借助新媒体的传播优势。①

(四)媒体融合与国家治理体系和治理能力现代化

全面建成小康社会、全面深化改革、全面依法治国、全面从严治党"四个全面"是习近平新闻宣传舆论观形成的政治背景,全面深化改革的内容涵盖了新闻宣传舆论工作的改革发展,媒体融合则是当前新闻媒体面临的首要改革内容及方向,即通过"整合新闻媒体资源,推动传统媒体和新兴媒体融合发展",健全坚持正确舆论导向的体制机制,完善文化管理机制,实现文化机制体制创新。随着媒体发展和社会改革的推进,媒体融合成为国家治理体系和治理能力现代化中的组成部分。从媒体的资源整合到主流舆论格局的构建,媒体融合的内涵和发展也经历了从点到面的扩展,全媒体传播体系以"内容建设为根本、先进技术为支撑、创新管理为保障",在国家治理体系和治理能力现代化的建设中发挥着舆论引导、沟通民意、社会整合、公共服务、文化传承的功能,成为巩固公众共同思想基础的物质载体。

---

①郑亮作,杨先顺,张晋升.县级融媒体中心和基层社会治理研究[M].广州:暨南大学出版社,2020.

2019年10月31日,中国共产党十九届四中全会通过了《决定》,其中提到通过"构建网上网下一体、内宣外宣联动的主流舆论格局,建立以内容建设为根本、先进技术为支撑、创新管理为保障的全媒体传播体系",完善坚持正确导向的舆论引导工作机制,巩固全体人民团结奋斗的共同思想基础,将媒体融合发展和构建全媒体传播体系置于国家治理体系和治理能力现代化的建设环节中。

(五)媒体融合趋势与规律

媒体融合发展遵循新闻传播规律和互联网规律,并在实践过程中形成自身的一套发展趋势和规律。2019年1月25日,中共中央政治局在人民日报社就全媒体时代和媒体融合发展举行第十二次集体学习,习近平发表《加快推动媒体融合发展构建全媒体传播格局》的重要讲话(以下简称《讲话》),对推动媒体融合发展和构建全媒体传播格局的发展趋势与遵循规律进行了详尽的阐释,现简要总结如下:第一,推动媒体融合发展和建设全媒体传播格局具有现实意义和紧迫性。在舆论生态、媒体格局、传播方式、信息获取方式深刻变化的信息传播环境下,全媒体时代的新闻舆论工作既面临挑战也存在机遇。第二,媒体融合的总体布局和具体实施,总体来看坚持"导向为魂、移动为先、内容为王、创新为要""舆论引导、思想引领、文化传承、服务人民"的职能观念;具体而言,媒体融合需要"通过流程优化、平台再造,实现各种媒介资源、生产要素有效整合",进而落实体制机制、政策措施、流程管理、人才技术等方面的转型。第三,媒体融合发展与各种媒体间的关系。在传统媒体与新兴媒体融合过程中,需要统筹传统媒体和新兴媒体、中央媒体和地方媒体、主流媒体和商业平台、大众化媒体和专业性媒体这四组关系,建立"资源集约、结构合理、差异发展、协同高效"的全媒体传播体系。第四,媒体融合与技术的关系上,面临全球媒体智能化的趋势,媒体融合发展与核心技术自主创新两者相辅相成,并在技术的价值取向上,主流价值导向驾驭"算法"。

(六)媒体融合与国际传播

2016年12月31日,习近平在祝贺中国国际电视台(中国环球电视网)开播的致信中提到"实施融合传播,以丰富的信息资讯、鲜明的中国视角、广阔的世界眼光,讲好中国故事、传播好中国声音",强调媒体融合在国际传播中的重要作用,建立对外传播的媒体矩阵,以融合多渠道的方式讲述中国故事,传播中国声音。2019年1月25日,习近平在《讲话》中提出"要把握国际传播领域移动化、社交化、可视化的趋势,在构建对外传播话语体系上下功夫",这一论述更加关注媒体融合背景下对外传播效果的实现,利用新兴媒介形态构建国家话语权,把握国际话语权,提升对外传播力。

(七)媒体融合与现代(全媒体)传播体系

2014年8月18日,在中央深化改革领导小组第四次会议上,习近平总书记首次提出"现代传播体系"的概念,并就现代传播体系的组成、特点和建设路径进行充分阐释,"着力打造一批形态多样、手段先进、具有竞争力的新型主流媒体,建成几家拥有强大实力和传播力、公信力、影响力的新型媒体集团,形成立体多样、融合发展的现代传播体系"。2019年1月25日,《讲话》中提到"形成资源集约、结构合理、差异发展、协同高效的全媒体传播体系"。党的十九届四中全会的《决定》中提出"建立以内容建设为根本、先进技术为支撑、创新管理为保障的全媒体传播体系",由此可以描绘出现代传播体系的建设路径——通过内容建设、技术支撑、创新管理,打造新型主流媒体,统筹协调传统媒体和新兴媒体、中央媒体和地方媒体、主流媒体和商业平台、大众化媒体和专业性媒体四组关系,形成立体多样、融合发展的全媒体传播格局,实现资源集约、结构合理、差异发展、协同高效的目标。

第三节 融媒体产品的内容与开发

产品是一个在互联网领域常用的术语,指的是将输入转化为输出的一组相互关联或相互作用影响的活动,即一个"过程"的结果。在商业经济领域中,产品通常也被理解为组织生产的任何产品或产品组合。在现代汉语词典中,产品被解释为"生产的物品"。

传统上,新闻生产的主要重点是内容,在以纸张为主要媒介的时代,新闻媒体只需注重内容的及时性和真实性,就能进行准确有效的传播,而在这一传播过程中公众始终处于被动接受新信息和等待媒体报道的地位。这种角色使媒体生产者处于主动地位,因此,也就不需要考虑内容以外的因素。[①]

[①] 李文月. 新闻类融媒体产品生产研究[D]. 长沙:湖南大学,2019.

随着各项技术的发展和进步,媒体承载和传播的介质在本质上也逐渐发生了变化,媒体信息的受众群体也可以在自己的圈子里接受信息的同时发布信息,成为个人的信息源,传统媒体控制所有信息来源的情况已经改变。公众群体不再是被动地接受信息,而是根据已有的信息来源有选择地接受信息。因此,为了让自己的媒体信息传播能够达到预期的良好效果,媒体必须考虑到内容以外的各种因素,如受众的喜好、受众的需求、信息内容的及时性和真实性以外的兴趣程度。因此,媒体制作的内容必须充分适应用户的使用需求和喜好。

一旦理解了基本概念,就有必要了解融合媒介媒体产品的类型。每一个媒体组织机构都需要根据其拥有的关键核心资源,连同其既有的忠实受众,开发不同类型的产品,以应对千变万化的新媒体环境的挑战。融合媒体产品类型的一般类型如下:

一、媒体自产的融合产品

笔者在此处介绍的第一个分类是媒体自身创造和生产的融合性产品的分类。媒体自身产生的融合型产品涉及利用现有的媒体产品形式类型(例如文本、图像、视频流媒体等)在新的平台(网络、移动终端)上对内容进行改造、编辑和整合,这些格式往往更适应新平台的特点,能够更好地在融媒体环境中传递信息。

根据媒体使用的平台,这些产品可以分为两大类:网络媒体创造的产品和作为移动终端应用开发的产品。

（一）基于互联网平台的媒体自产产品

第一类别，基于互联网平台的媒体自己生产的产品，这一类的产品主要是指在当下最普遍使用的互联网平台上，利用网页构架，形成和传统媒体产品同步或者是平行发展的融媒体的产品形式。这种形式的融媒体产品的实现形式也是多种多样的，比较具有代表性的主要有以下几种。

1.综合性报道专题

新闻机构的门户网站和综合性新闻网站，具有代表性的有新华网和凤凰网等，这些新闻网站平台基本上是网络新闻的主要传播渠道，或者是综合门户网站的独家新闻频道。

这类网络媒体产品的内部生产实施形式主要是对现有媒体稿件进行重构和再利用，根据报道需要对不同类型的稿件进行组合和编辑，主要是分专题，整合各方观点和不同媒体形式，然后再增加投票、评论等互动环节，进而对某一专题进行深度报道。这是其明显的优势之一。

通过使用文字、图片、视频、音频和更多的逻辑整合，使得内容信息更加的丰富，在网络平台上制作的媒体产品增加了报道的深度，更能吸引读者的情感，如针对某一专题文章，凤凰网整合了不同媒体的新闻和不同的表现形式，这样一来，读者可以凤凰网发的平台上看到多家新闻的报道内容和形式。

在上述专题报道中，网络页面不仅整合了比较常见的图片和文字格式，还利用不同的技术平台和不同的内容形式进行了其他形式的展示。其主要实现方式分为两类：

(1)互动性质的图片视频报道

在新闻专题报道中,视觉报道是一种重要的媒介形式,它将传统的文字、声音和社会互动与Flash、使用新的互联网技术的融合报道技术形式结合起来,能够让受众群体在看到报道的时候更容易理解和体会。照片和视频采访通常与解说词、现场直播和背景音乐打包呈现,辅以文字背景解说和网络互动,达到视觉叙事的效果。交互式影像报道通常具有强烈的现场感和情感冲击力,具有高度的跨媒介融合性,但制作起来相对复杂和耗时。

(2)视觉化的数据

数据可视化,也被称为视觉化的数据,是指使用图表、图形、表格、地图、动画和视频等可视化工具对新数据和信息进行传递和表达。信息化制图是信息可视化的主要工具,其重要的媒介是图表和图形,能够简化信息,利用网络界面专题的非线性和互动视频报道的视觉表现方式,特别是能够整合数字和地理信息进而呈现和表达。在如今新闻信息超载的背景下,精练简洁的信息制图有望成为综合报道的一种重要形式。

2.特定形式的媒体产品

第二种最典型的媒体网站形式强调传播某种信息,如视频、照片或专门用于读者互动的社区,等等。例如,由中国中央电视台(CCTV)创办的中国网络电视台(CNTV),中国新闻社的中国新闻图片网,以及专门为报纸和新闻机构用户提供的微博平台,这种比较新型的媒体产品的表现方式,和我们在上文中所讲到的收集、综合各方面的信息进行更加深度的报道是一样的,这种是专门针对某一方面,以一种或者是多种形式,对具体的新闻事件进行传播(图片、视频、读者评论等)。例如,中国网络电视台(CNTV)的官方网站将视频作为事件报道的综合工具,提供一系列CCTV的专业类视频产品。

这种产品形式大多扎根于母媒体的主要产业。为了适应网络化发展的大趋势,各主流媒体都会开发自己的原创产品,同时对原本不适合主流媒体的内容进行编辑和整理、更新,创造新的特色专题,或者将原本包含重要信息的长篇报道浓缩成短小精炼的信息,方便受众群体进行查看,达到更好的效果。

通过这种方式,媒体渠道获得了比实体产品更广阔的传播空间和受众,同时也获得了改变传统生产模式从而达到转型升级的机会。仍以中国网络电视台为例,其央视产品的定位已经非常明确,其媒体生产产品也已经有了非常好的规划,在这种比较良好的状态下,中国网络电视台仍然可以继续创新,根据其网络的根基,彻底颠覆其功能定位的生产模式。例如,它可以开始进军某些娱乐领域,或者对其原有的细分市场进行更详细的划分,例如将生活方式产品分出特定的生活领域,如男性和女性、母亲和儿童等详细又具体的生活领域方面。

3.以网页为基质的产品

除了利用网站发布和整合媒体信息外,还可以利用互联网作为产品推广的平台。例如,《南方人物周刊》网站在其平台上提供杂志的试读版本,作为其旗舰产品《南方人物周刊》的用户开发工具。在这样的平台上,用户表现出更大的阅读兴趣,也能比较快地了解杂志的风格和定位,从而可以更精准地定位,大大增加用户参与度。

　　提供杂志的网络版在网站上阅读,只是这种产品整合的一种形式。将网络平台作为产品的使用和体验平台,在如今已是普遍做法。利用这样的平台来测试产品,不仅可以增加产品的广泛传播,还可以根据产品在受众群体的反响情况改进产品的定位和设计,利用网络平台的数据使产品能够更加精准的定位市场,从而不断的改进和提升,逐渐更有市场。

　　当然,在新媒体环境下,网络平台只是众多平台中的一个,移动终端的广泛普及甚至开始威胁到传统互联网的渗透。公众不再满足于简单浏览互联网,而是期待更方便、更有针对性的媒体产品,如手机、平板电脑等移动终端。因此,一种媒体自己生产创造的融合性产品出现了新的类型。

(二)基于移动终端开发的应用程序

　　这些产品的产生与各大新闻机构、移动设备的快速增长密不可分。为了适应这一趋势,媒体机构已经推出了各种平台的新闻应用程序。

　　这些应用程序不仅结合了将多种媒体整合到一个网络平台的优势,而且更加注重社交和互动设计,通过整合多种分享和互动渠道,增加对用户的吸引力。

　　例如,网易的手机客户端应用程序优化和整合了在线新闻报道的各种功能,以便与手机或其他移动终端更好地结合。它在新闻更新后增加了实时评论刷新框和每日互动投票板块,允许读者随时评论和互动,增强了新闻客户端缺失的社交性,使其使用起来更加具有社交性能和趣味性;该客户端还增加了即时通知功能,使用户及时了解重要的新

第一章 绪论

闻和事件;该客户端引入了新闻个性化功能,用户可以在刚刚进入平台的时候选择自己喜欢和感兴趣的类别,这样应用在日常的时候就会根据用户的兴趣度相应的推送内容。

与此同时,网易的应用客户端在连接互联网时默认会自动下载一些新闻,这样用户即使在没有连接的情况下也可以使用客户端查看新闻。

媒体对自己既有的资源和信息进行重组、编辑和整合,以生产与传统产品不同的新产品(如网页和移动端的平台应用,就相应增加了读者互动和报道,这样一来是使得读者能够更有兴趣去阅读和参与到报道之中),进一步适应新媒体环境,扩大读者群。然而,在这个复杂的媒体环境中,有时单靠媒体这一个主体自身还不具备最佳的发展条件,所以要与相关行业合作创造产品。

二、媒体与相关产业结合生产的融合产品

媒介融合是时代发展和信息技术不断进步的必然结果。在这种更加新型的形式下,同时发展的硬件也在不断地更新和改革进步,电子产业和媒体机构之间也出现了更大更广的合作,生产出了很多和媒体方面提供的实时信息以及平台间密切相关的产品。

在上面提到过媒体机构要想跟随发展的脚步和速度,就不能只依靠自身,有时候还需要和其他产业合作,合作的形式往往是新型的一些硬件设备,例如为媒体定制制作的终端应用和终端电子产品,等等。

(一)媒体定制的终端产品

媒体在探索和研究新的APP类媒体产品时,必须考虑

到 APP 所在的硬件平台的要求和特点,这就造成了太多的限制和技术难题,必然会阻碍媒体发展。在与电子公司的合作中,媒体公司创造了新的硬件,满足了自己对融合应用的需求,也满足了用户更加多样化的需求,同时创造了一种新的融合媒体产品形式。这是媒体在新形势下突围、创新,寻求更好发展的一个典型案例。

北京人民交通广播作为交通广播类的传统媒体,在目前的环境下,发展方向相对其他的一些类型的媒体是没那么广泛的,因为广播在很多移动设备上无法接收,所以就必须开发能在互联网上接收广播节目的应用,以此才能适合终端设备,但这些应用如果不在互联网上,就没有用,与已有的互联网广播和音乐服务有很多重合,对于这一媒体的长远发展来说是很不好的。为此,北京广播电视台推出了被称为"公共服务信息平台"的1039新媒体机,它不仅可以让人们看电视、听广播,还可以提供信息阅读、互联网接入和多种综合数字产品功能。它以易于使用的形式为公众提供广泛的免费信息服务,包括新闻和政府信息(官方指南、公共服务公告等)、旅游信息、天气、娱乐和旅行、购物、食品和娱乐,以及许多其他有用的生活信息。它还是一款可以接收实时交通信息的 GPS 导航仪,提供全面、高速、高流量的动态交通信息导航服务,用户可以免费获取北京交通广播发布的权威交通信息。此外,它还具有实时 DAB 数字电视的作用,可以收看中央电视台奥运频道、新闻频道、北京电视台以及各种数字电视节目,只要有数字广播信号源,就可以随时随地观看数字电视。特别是在第29届奥运会期间,这台新媒体机共接收了16套数字广播节目。

通过开发新的硬件,弥补了以前平板电脑不能收听广播节目的缺点,并利用新的硬件平台大大扩展了电台原有的新闻系统,北京人民广播电台交通台形成了以广播为主,利用其他各种媒体进行综合传播,同时向公众提供及时、便捷信息的融合媒体格局,从而在媒介融合的潮流中找到了自己发展的方向。

在媒体积极开发更加适合自身的终端的同时,各个电子生产商也开始对媒体终端类型的电子产品产生浓厚兴趣。除了媒体自己定制的终端产品之外,一些原本不被期待成为移动终端的日用电子产品,也渐渐地被生产商融入了社交或者媒体元素,成为一种新型的终端。

(二)新型终端化的电子产品

在媒体积极探索利用定制硬件创造新的媒体报道传播模式的同时,许多电子产品、设备制造商也开始积极利用某些新技术融入媒体元素,通过加入媒体、社交等实现产品创新,以满足时代发展中受众群体日趋多元化的需求。许多原本不被寄予厚望的电子产品,现在也逐渐转变为传播社会和信息资料的媒体终端。

数码相机生产行业走在了这个趋势的前面,索尼(SONY)、佳能(CANON)等知名的数码相机生产厂商已经开始探索用途单一的相机终端如何变成新型的媒体终端了。

比如佳能的 EOS 6D Mark II 相机,内置 Wi-Fi,同时支持 NFC 与蓝牙,可以轻松实现与其他设备的无线连接。通过专用应用程序"Camera Connect"和 Wi-Fi 可以将所拍影像当场传输至智能手机,便于即时发布在社交网络上等。通过佳能影像上传功能,用户可借由无线网络,将所拍影像上传百度网盘或新浪微博。此外,使用手机通过佳能影像上传的微信小程序,便可浏览经由佳能影像上传功能上传过的照片,可将照片保存至手机或转发给微信好友及微信好友群。多种多样的网络功能拓展了摄影的乐趣。EOS 6D Mark II 支持"佳能影像上传"服务,可实现所拍影像的网络存储及分享。预先设好相机,绑定好账号,且拍摄现场具备 Wi-Fi 环境,相机内所拍影像便可上传百度网盘存储,或发布至新浪微博分享。此外,使用手机通过佳能影像上传的微信小程序,便可浏览经由佳能影像上传功能上传过的照片,可将照片保存至手机或转发给微信好友及微信好友群。摄影乐趣即时分享,当场互动。

除了数码相机,电视机现在也慢慢开始向社交类型的电视发展。2019 年 8 月,海信(Hisense)推出了国内首款社交电视——S7,其拥有可以实现六路视频对话的功能,视频可以来自手机 App 或电视,让电视成为新的家庭欢聚平台。海信 S7 除了视频通话、K 歌以外,还提供了非常多的功能,如 AI 健身、智能家居等。

在新的发展趋势的带动下,原来只是我们生活中的电器的产品正在转变为新型的移动终端。这些新的终端产品将影响我们未来的生活,我们对信息的获取和传播的方式也将发生质的变化。

无论是生产新型终端的媒体举措,还是电子媒体产品的终端,都代表了一种新型的融合媒体产品。对于消费者来说,信息的获取和交流将更加多样化,过程也将更加容易,对于媒体和产品制造商来说,这代表了一个可以利用的新的探索和发展的机会。

上述两种融合产品有一个共同的特点,它们仍然是利用媒体本身的信息生产来再造新的产品。但在媒体融合的大环境下,传统媒体生产的新闻或信息不再是唯一的新闻形式,随着新媒体的发展,现在社交网络占据了信息来源的半壁江山,人们在网络社交媒体除了提供传统的新闻服务外,媒体机构也在尽力整合和筛选这方面的信息,提供更相关、全面的媒体产品。

在当今新媒体环境下,媒体生产的新闻信息已经成为一种融合性的媒体产品,传统的新闻信息受众也在一定程度上改变了自己的角色,成为产品的"消费者",可以理解为传统受众不再是被动的受众,而是参与和影响媒体的新闻生产。消费者的需求、期望和对产品的反应极大地影响了媒体生产的产品,而这又对媒体本身的发展产生了重大影响。整个新闻生产链发生了根本性的变化,以往的线性传播形式不再可靠,新闻与受众之间的关系变成了产品与消费者之间的相互影响和决策。作为这个时代融合媒体产品的消费者,他们也需要知道自己想看什么,想学什么,形成对信息产品的偏好,形成辨别和选择的能力,并积极参与到整个融合媒体的生产链中。

三、媒体与用户交互生成的融合产品

媒体在使用传统产品进行融合性生产的同时,也将新的社会媒体作为融合性生产的一个来源。它与媒体自产的融合产品之间的区别主要体现在资讯来源。自产的融合产品主要使用媒体已有的资讯,而这类与受众交互生成的融合产品,则更多地使用用户自产的资讯,相比之下它更贴近受众的生活,也更及时有趣。

这种产品生产方式主要是一种信息收集和整理的服务,社交媒体现在逐渐成为媒体的重要组成部分。社交媒体用户因为生产和交流了大量的信息,在这种情况下,传统媒体和新兴媒体除了生产新闻和信息外,还承担着收集和采集信息的任务。通过社交媒体的平台发布信息这种类型的媒体产品越来越普遍,这种媒体和用户群体互相使用和不断生产的融合媒介产品的形式也逐渐普及。

　　Facebook作为社交媒体的风向标,推出了改进的News Feed信息流服务,努力将其打造成社交杂志,凸显大图片与重要信息。改进后的News Feed信息流服务还对"重要信息"和"最新信息"进行了有机整合,力图通过这些改变来真正创造一份用户自己独特的"杂志"。这实际上就是通过特定的算法将社交媒体上的资讯整合进行再生产、再营销的一种方式,也就是一种通过媒体与受众交互生成的融合产品。

　　例如,一个用户想使用Facebook的这个功能定制出一份所谓的"杂志",那么他要做的事情就是在自己感兴趣的好友、名人、公共组织的主页点击"订阅"按钮,并通过一系列操作,如设定抓取信息频率、设定抓取内容(图片、视频、文章等)等来控制自定义生成的信息包的内容。另外,Facebook对于"重要信息"和"最新信息"进行了重新的定义,如果用户每天都登录,那么他将更多地看到按照时间排序的最新信息,但是如果用户的登录频率较低,那么他就会看到没有登录的这段时间内的重要信息。这样的一份融合媒介产品不仅兼具了来自公共主页内容、名人内容等具有一般新闻性质的信息,也可以获得来自自己亲朋好友的各种信息。

这些应用或者服务都有一些共同的特点:

(一)个性化

用户在初入应用的时候,会弹出一个个人爱好兴趣界面,用户可以根据自己的喜好挑选关键词,这样一来平台可以有针对性地推送内容。用户在使用的过程中也可以将自己喜欢的网站或者是感情区的新闻资源信息进行添加,方便随时再次进行查看。

(二)贴近性

提供本地的资讯和天气情况等。这一类的应用程序和社交网络互相连接,进而提供本地综合服务。通常,这些应用不仅仅是提供天气情况,还会将日历、记事表同步起来,在提供受众群体感兴趣的资讯的同时还会自带一些生活方面的辅助性服务。

广义上讲,新媒体中的融合产品,根据媒体参与的程度和生产者的内容和形式,可以分为三种类型:媒体创造的融合产品,媒体与相关行业合作创造的融合产品,以及媒体与消费者合作创造的融合产品。在内容方面,前两种媒体使用自己的资源,而第三种媒体则使用用户生成的信息和现有资源的组合。媒体创造的融合产品和媒体与消费者合作创造的融合产品主要是软件形式,而媒体与相关产业合作创造的产品是一种对媒体信息有反应的新的硬件终端。对于媒体创造的融合产品,媒体的参与程度是最高的,是纯粹的媒体产品;那么对于媒体与相关产业合作创造的融合产品,媒体的参与程度较高,因为媒体只是对平台进行完善和更新,信息的来源和信息的使用方仍然是主导。对于媒体和消费者合作创造的融合产品,媒体的参与程度较低,因为产品的信息来源使得原来的产品发生了变化；产品的信息来源从由媒体主导变为由媒体和消费者共同决定。从这个角度来看，应该可以更深入地了解融合媒体产品的新形式，从而得出结论。

在新的媒体环境中，消费者不再仅仅满足于媒体产品信息的被动获取。每个媒体都试图将其新闻内容与其他信息和内容结合起来，创造出最符合市场和时代需求的新产品格局，生产出能够更好地服务和吸引消费者的新产品。在这个将新闻和信息转化为新媒体产品的重要过程中，产品设计起着重要作用。媒体产品和其他产品一样，必须遵循以消费者为导向的理念。因此，新媒体产品的结构和单个媒体产品本身的设计必须符合消费者的需求。

第四节 融媒体产品的传播载体

一、个人融媒体

现如今，融合报道的案例屡见不鲜，能够掌握多种技能于一身的全能记者更加被寄予厚望，各个媒体都已经开始培养自己的全能记者。

（一）全能记者的优势及局限

1. 全能记者的优势

（1）快速反应

与一个超过10人或20人的大团队相比，全能记者最大的优势就是可以快速、灵活地做出反应。当一个重要的新闻爆发时,编辑的一个电话就足够了;一个多技能的记者在很短的时间内就可以做好准备,能够直接去现场了。

(2)节约成本

从媒体管理的角度来看,全民记者模式具有明显的成本优势。拥有一名全能型记者的成本优势是显而易见的,以往需要多人团队才可以完成的报道任务,现在只需要一个人就可以完成。在报纸缩减规模、低水平运作的现在,许多媒体机构选择培养全能记者,以降低新闻生产成本。

(3)高效率

一个拥有多种技能的记者,显然能够更加高效率的完成工作。全能型记者角色的出现,省去了传统工作模式中团队协作的中间环节,节省了时间和成本,提高了效率。此外,媒体机构中多技能记者数量的增加,使原来复杂的组织结构更加灵活,有利于部门之间的沟通和协调。这种转变可以减少管理层级,有效地控制媒体机构的组织架构不会庞大又臃肿,可以使组织的工作效率更高。

2.全能记者的不足

在列举了作为一名全能记者的所有优点之后,我们还应该考虑作为一名全能记者的缺点或弊端。全能记者的缺点往往与他们个人的精力和能力有限有关。更具体地说,全能记者的劣势主要包括以下三个方面:

(1)个人能力、精力有限

全能记者可以努力学习更多技能,或加班加点完成本应由团队完成的任务。然而,全能记者作为个体,最大的缺点是其能力和精力是有限的,不可能长时间、超负荷地工作。虽然我们希望记者具有多种技能,但我们不能再期望他成为一个不知疲倦的"超级战士",全天候地工作。诚然,如果在紧急情况下没有时间调配人员,记者可能不得不加班,这对记者的生理和心理压力是巨大的,因此只能是在没有其他选择情况的例外。

(2)掌握多种技能难度较大

人们的能力和精力是有限的,不仅因为他们不能长时间工作和过度劳累,而且还因为很难掌握多种技能,实现真正的"全能"。虽然"全能记者"这个词经常被使用,但必须承认,现实中很难找到真正的全能记者,即使有,也是十分罕见的。由于个人的能力、精力和智力有限,全能记者在很大程度上是一种理想的状态,而不是适应融媒体趋势的普遍现实。从另一个角度看,正是由于全面记者的稀缺性,所以显得人才难得,所以更加珍贵和身价不菲,让有志向的青年拥有努力的方向。

(3)难以胜任大规模新闻报道任务

虽然一个全能记者在必要时可以做团队的工作,但他很难真正取代一个记者团队。在很多情况下,选择他们并不是因为他们是最好的选择,而是由于时间紧迫和人员短缺,没有其他选择。在报道大型报道时尤其如此,单个的全能记者不可能将所有事情面面俱到地应付过来。对于大型报道,一个记者团队共同工作可能是首选,因为他们有足够的人手和明确的分工。全能记者更多时候的作用,是当重大突发事件发生时,全能的记者可以充分发挥自己在报道、写作和摄影方面的优势,满足媒体的即时信息需求。全能记者的优势可能更多体现在"点"上,而更系统全面的报道则需要一个强大的记者团队前往现场,获得"面"的优势。

(二)全能记者定位

通过系统地综合全能记者的优势和劣势,对于全能记者就有了更系统和全面的认识。因此,我们既不应该否定也不应该盲目崇拜全能型记者。毕竟,全能型记者有自己的短板,有独属于自己的工作环境,最关键是要对全能型记者进行准确定位。那么,什么才是适合全能型记者的工作场所呢?

1.适合报道规模较小的新闻事件

我们在列举全能型记者的劣势时提到,在报道大型新闻广播时,全能记者一个人的作战往往会工作过度,力不从心。相比之下,在报道小规模事件时,一个全能记者可以做到很多事情。例如,如果需要报道一件社会新闻或者是普通的会议报道,这种时候只需要派出一位全能记者便足够了。

2.适合报道突发事件

除了上面提到的社会新闻与会议外,另一个适合全能记者的场合就是突发事件。与重大事件不同的是,突发事件的发生毫无征兆,对于媒体机构而言,他们没有足够的时间去系统地安排人员和做采访计划。这往往是对媒体"第一反应"的考验,如果他们有足够长的"触角"和灵敏的新闻"嗅觉",往往更容易占得先机。此时,处于"触角"顶端的全能记者就可以发挥自己的优势,第一时间赶到现场,完成采访、撰写报道、拍摄照片和视频,并与用户原创内容相互补充,满足报纸版面、网站和其他媒体终端的信息需求。

3.适合在人员配置不足的条件下发挥作用

全能记者发挥作用的另一个领域是,当报纸缺少编辑人员时,全能记者可以以一当十,满足编辑媒体的需求。造成这种人手短缺的原因是多种多样的,可以归结为记者的数量短缺,即报社为了降低运营成本而刻意控制记者的数量;也可以归结为记者的相对短缺,即报社可能有很多的采访任务,无法做到所有任务一起兼顾。无论这种短缺的原因是什么,有一点是明确的:全能记者的重要性在此时得到了强调,他的全优势可以得到更多地发挥。

4.适合处于较小市场的地方新闻媒体

通常地方的新闻媒体机构的设置是较为简单的,为了控制成本,会严格控制采编人员的数量。虽然地方媒体的报道通常只限于本地发生的事情,但在许多情况下,由于有大量的社会新闻可供报道,所以报道量也是十分巨大的。随着竞争和"触网"这些因素的作用,地方媒体对新闻材料的质量和多样性的要求也在增加。这些条件使全能的记者成为地方报纸或类似小型媒体机构的理想选择。除了现有的地方报纸和商业报纸,最近社区报纸的发展也为普通新闻记者的发展创造了一个新的平台。

二、团队跨媒体

对于媒体机构来说,媒体融合不仅意味着新的合并,也意味着旧的分裂,即淘汰旧的组织和发展模式,取而代之的是符合媒体融合趋势的新模式。媒体融合的趋势已经席卷了新闻界,各式各样的融合新闻大行其道,代表了近年来新闻界的最大变化。对于处于低谷的纸媒行业来说,融合新闻对组织、人事和生产流程产生了重大影响,但也给纸媒行业带来了重整旗鼓的新机会。在世界各地,各大报纸和新闻机构都在努力利用媒体融合的势头,引领融合新闻的潮流。

但无论愿景多么美好,实现起来都不容易。对于媒体机构来说,新兴的融合新闻趋势是一剂治病良方,但也是一剂苦药。虽然媒体人雄心勃勃,谁也不想落伍,但目前的努力还只是探索阶段,融合新闻的道路探索起来不容易,实践起来更难。对于报业来说,现阶段的关键是要从战略上设计发展模式,在组织中建立新的结构,改造整个生产流程。首先应总结一些国内媒体的发展历程,了解不同媒体机构在为读者谋福利的全面发展道路上的异同。

对于报业来说,现阶段的关键是要从战略上设计发展模式,在组织中建立新的结构,改造整个生产流程。笔者旨在总结一些中国媒体在通往综合报业道路上的历程,了解不同媒体机构在通往综合报业道路上的异同,为读者谋福利。严格说来,融媒体行业的出现仅30年左右,仍处于发展阶段。自成立以来,该行业一直在探索这个问题,但没有先例可循。30年的时间不足以建立一个成熟的组织结构和发展模式,这就导致了地方媒体研究的特殊格局,即每个媒体机构都是独立运作的。对地方媒体发展模式的研究主要集中在对不同媒体发展模式的归纳和比较上,即使有归纳和比较,不同的研究者也是各执一词,尚无定论。我们先来看看学者们对地方媒体发展模式的分类。有学者将全国报业的所有媒体实践分为三种类型:第一种是以网站为基础的实践;第二种是垂直整合,以报纸网络为核心;第三种是打破集团内各报纸的界限,全能记者在整个集团的指导下,在集团内相关机构的统一领导下工作。这些特点和不同发展类型的优缺点都没有得到详细的解释。新华社新闻研究所课题组在《中国全媒体报业发展研究报告》中,对媒体组织结构调整、编辑流程改造和新产品开发提出了以下模式:

(一)"内部通讯社"模式

以烟台日报传媒集团为例。烟台日报传媒集团将旗下三家报纸《烟台日报》《烟台晚报》《今晨六点》的采访部门合并,成立一个完整的媒体新闻中心,相当于集团的"内部通讯社"。这个"通讯社"由三部分组成:一是总编室,作为中心的新闻总指挥,协调各个子媒体的日常活动;二是采访部,负责日常采访工作;三是资料信息部,负责引用文章、收集背景资料、收集重大事件的背景资料、编辑处理音视频资料等。

1. 报网合一模式

以杭州日报集团为例。《杭州日报》和杭州日报网这两种形态同时运作,使用的是同一个编辑部的编辑人员。编辑部设立网络中心,负责技术平台的建立、维护和日常运行,并负责网站的编辑和维护。《杭州日报》的各政经、城市、文化部门都有自己的中心,分别负责报纸版面和相关网络频道的内容制作和上传。

2. 台网互动模式

以广电部门为例。台网的互动已经成为广播媒体的普遍做法。对于视听媒体来说,互联网不仅是一个新的传播平台,也是一个新的制作和互动平台。网站具有点播节目、观众互动、吸引广告等多种功能,为广播电视机构提供了新的利润增长点。

虽然上述两种分类方式略有不同,但主要的出发点只有两个:内容生产模式和内容分发平台。如何在此基础上组织内容生产,构建高效的内容分发集群平台,是报业向全媒体转型的关键。基于这两点,我们可以将全国主要媒体的全媒体战略大致归纳为以下几类:内容驱动模式(或称报网互动模式,以《人民日报》、杭州日报为代表)、终端驱动模式(以解放日报为代表)、媒体+平台模式(以《南方都市报》为代表)和组织驱动模式(以烟台日报为代表)。

(二)全媒体战略

1. 内容驱动模式

所谓内容驱动,就是坚持"内容为王"的核心战略,把为所有媒体生产内容作为重要目标,通过整合和发布所有媒体的内容,推进全媒体战略。《人民日报》和人民网是这种模式的代表。作为党的中央机关报,《人民日报》一直以正统严肃的报纸形象示人,但这并不影响其全媒体改革进程,其双核报网模式在地方全媒体研究中颇具代表性。所谓双核报网模式,就是指《人民日报》和人民网互动、互补、并行发展。报纸和网站都处于媒体结构的中心位置,在战略布局上形成了一个"双核体系"。《人民日报》及旗下26家报纸共同组成了中国最大的报业集团,在国内具有重要的影响力;而人民网则拥有80多个频道,近10万个栏目和专题。在技术、内容和市场模式方面,它是中国最强大的新闻门户网站。[①]

一方面,它是中国顶级的、最大的"新闻机构",另一方

---

① 《广电媒体融合发展进行时》编委会. 广电媒体融合发展进行时[M]. 北京:中国广播影视出版社,2021:60.

面,它是中国领先的新闻门户(尤其是党政新闻)。这使得《人民日报》的整个媒体组合具有明显的优势。我们把《人民日报》的全媒体战略称为内容驱动模式,因为在其整体战略中,内容产品被放在了优先位置。在一个全媒体集团中,内容不仅是聚合高质量的内容,还包括处理多媒体内容,以及在集团内部拥有成熟的内容共享机制和平台。《人民日报》建立了公共文章库系统,目的是在媒体与《人民日报》《人民日报》(外文版)和人民网的新闻资源共享机制之间架起一座桥梁。

《人民日报》新的公共稿件库系统具有以下特点:①编辑和记者可以发送和接收文字、短信、图片、音频、视频等多媒体稿件,将报纸从文字报道转变为集文字、图片、音频、视频为一体的全媒体。②随时随地发表文章。报社编辑部可以利用电脑、手机等移动终端,随时随地访问公共图书馆。③统一访问。该系统将原有的多种投稿渠道整合为一个投稿平台。扭转了以往投稿渠道不畅,一线记者通过电子邮件等方式投稿后,需要人工干预、电话验证的问题。④开放整合。统一公共稿件库为《人民日报》、《人民日报》(外文版)和人民网提供了新闻内容的共享机制,实现了高度共享,使企业资源的价值最大化。⑤实时互动。该系统可以实现编辑部之间的实时在线互动,组织在线小型视频会议,现场直播、交流和讨论工作。编辑部、报社、部门领导的指示可以在采访调度平台上即时推出。

2.终端驱动模式

解放日报报业集团成立于2000年10月9日,是由中共上海市委机关报《解放日报》开办的媒体集团,2013年与文汇新民联合报业集团整合重组为上海报业集团。该集团目前拥有几份报纸,包括《解放日报》《新闻晨报》《新闻晚报》《报刊文摘》和《申江服务导报》,以及解放牛网等网站。解放日报报业集团是中国第一个提出明确的新媒体战略计划的企业。早在2006年,解放日报报业集团就开始规划其新媒体业务,并提出了中国第一个也是最全面的新媒体战略——"4i"战略,其中包括i-NEWS(手机报)、i-MOOK(数字杂志)、i-PAPER(电子报纸)和ji-STREET(公共新闻视频)。与《人民日报》的"报网互动"模式不同,解放日报的全媒体战略不注重内容,而是注重"渠道",以差异化的终端组合均匀地覆盖不同的终端领域。当然,如果仅仅依靠终端多元化来增加集团全媒体战略的动力,还是有很多弊端的。随着智能手机、iPad等新终端的出现,手机报和数字杂志逐渐失去了人气,读者数量也在下降。对于报道内容的精挑细选,增加各种终端,跟上终端产品的发展步伐,推出最新的终端产品,才是制胜之道。

3. 媒体+平台

《南方都市报》是中国第一家提出明确全媒体战略——"南都全媒体集群战略"的都市报。从其践行全媒体战略的理念和宣传口号——"南都,无处不在",我们可以对其战略规划有所了解。这家《南方都市报》坚持"媒体+平台"的定位,在考虑产品的同时,既注重内容,又注重渠道,这与《人民日报》奉行的报网双核的内容驱动模式不同,也明显有别于解放日报以渠道为主的"终端"战略。《南方都市报》"全媒体"战略最突出的特点是产品结构的"全线"布局,即充分利用集团现有的资源、产品和品牌优势,将产品线分布在各个领域,全面融入用户的生活,从而实现成为"全媒体信息服务商"的目标。目前,《南方都市报》已经建立了较为完善的全媒体集群,以平面媒体和数字业务为支柱,包括报纸(日报、周报、周刊)、电视、网站、广播J、户外LED、移动终端业务等多个类别,甚至还建立了"南都商城"来"赚外快"。初步实现了集团"全媒体制作、全媒体发行、全方位经营"的战略目标。

4.组织驱动模式

烟台日报传媒集团尽管是东部地区的地方报业,却是中国第一家实施全媒体战略的报业集团。2008年3月,集团开发了"全媒体数字复合出版系统",并主动成立了全媒体新闻中心,在集团层面重新梳理编辑流程,以一次性、多次性、多介质内容为核心要素,以多元销售为增值收益,实现了从报纸生产者向内容提供者的转变。在通过组织变革和流程再造完成第一阶段的结构整合后,2010年集团的全媒体改革启动了媒体深度融合阶段,形成了涵盖不同类型媒体的发行矩阵,初步建立了烟台日报的全媒体集群品牌。

《烟台日报》将全媒体配置称为组织驱动模式,主要是因为在生产流程上进行了变革,即成立了全媒体新闻中心,作为"集团内部新闻机构",向集团下属媒体提供报道。在制作流程方面,全媒体新闻中心成为"集团内部新闻机构"的前端,整个媒体集团的所有记者及其团队都与这个中心相连,成为内容中心。然而,内部新闻机构并没有垄断集团的内容供应,因为在生产链的末端还有新闻复制链,即其他媒体系列,它们与全媒体新闻中心建立了供需关系,全媒体新闻中心保持着自己的编辑团队,将新闻中心的主要产品加倍、三倍地复制和生产,同时根据环境复制和生产内容,从而确保媒体形式的独立性和个性。严格来说,烟台日报社的全媒体发展仍然是"以内容为中心",但其创新之处在于不仅注重内容生产,而且通过改变组织和生产流程,盘活集团内部的编辑资源,从而通过多平台的传播与差异化的受众,提高内容的价值。

第二章 融媒体直播通道的传播机制

第一节 融媒体移动直播

一、移动直播定义

移动直播,就是利用移动端进行直播,如自带Wi-Fi功能的摄像机、单反相机以及手机和平板电脑或其他专业设备。这类设备具有对文字、图片、音频、视频等各类型文件进行远程回传和管理等功能。移动直播利用不同软件供应商开发的手机App,将现场音视频信号通过网络回传到融媒体平台上。记者也可以通过平台创建的手机App,将现场热点内容或者突发事件实时推送回平台,为融媒体平台微新闻提供线索。在平台后台可以实时监控预览直播流。

二、移动直播设备要求

在融媒体平台上进行电视现场直播,不再需要一整套昂贵的传播设备,仅需要自带Wi-Fi功能的摄像设备就能完成直播,如大疆灵眸系列摄像器材中的应用软件设置了直播窗口,可以选择直播平台进行直播信号推送。从中小型电视现场直播来看,目前使用手机进行移动直播更为盛行。

在移动直播现场,多台摄像机可进行导播切换,信号经过解码器再通过网络传输到融媒体平台上进行直播，不需要过多的人员就可以完成电视现场直播任务。在图文方面，目前使用单反相机就能满足图文直播要求。例如尼康D7500单反相机内置Wi-Fi，通过尼康手机App，延时5~19秒就能将现场拍摄的图片及时回传到平台上，满足微信和微博直播的需求。

三、移动直播信号回传

融媒体平台上通常设有"直播"模块。要实现直播，首先需要融媒体平台具备对回传视频文件的共享管理，直播观看、查看预览、下载到本地删除等功能；回传下载地址在任务栏中选定。其次，在融媒体平台上实现现场直播的一个基本要求就是直播工具能在移动终端上使用，因此融媒体平台上的移动终端设有回传功能，支持多种不同的客户端工具，具备大文件断点续传以及文件批量上传能力。最后，要有在充分利用现有设施的基础上宜在本地部署的功能模块。[1]

融媒体远程回传客户端工具：首先要进行融媒体平台上用户系统的认证登录，保证素材的远程回传信号畅通，使回传素材汇聚到资源平台系统；其次是融媒体远程回传客户端要支持文件查看预览、下载、重命名，支持文件夹的创建；最后，做到批量上传、文件全选、批量删除等，同时支持文件的断点续传，支持上传列表查看。

在融媒体平台上现场移动直播信号的回传涉及回传信号不受损失的技术，它对直播通道上各项技术要求很高，不

---

[1]宫承波.新媒体概论[M].北京：中国广播影视出版社,2021:81.

能有一点儿误差；融媒体平台上的软件允许回传信号延时0.5~5秒。

融媒体平台会使用一个回传模块——U-PGC融合媒体记者外场传输模块，它主要服务于移动端App，是融媒体的移动采编生产发布工具，能帮助记者实现新闻生产的移动化，提高新闻生产效率。

移动直播使用的软件：融媒体平台上使用的移动直播软件以远程回传软件为主，是记者在外场进行新闻采访的视频或新闻视频成品文件的远程回传载体。这些软件通过PC系统与互联网的连接，将文件远程回传至资源平台，保证新闻采访制作、播发的时效。

使用"融媒助手"进行视频文件回传的核心优势："融媒助手"是平台为移动端开发的App（不同融媒体平台的应用软件的名称不同，但是功能相同）。通过"融媒助手"可查阅移动采编过程中的素材汇聚情况，了解采访任务的接收、设备的使用状况；"融媒助手"支持媒体文件手机远程回传，视频文件的编辑、审核、发布等。

四、移动直播的特征

电视现场直播一直是省市电视台积极采用的一种电视节目形式，它不仅能够拉动电视收视率，而且能够增强电视台的影响力。电视现场直播也是广告主看好的节目，广告主愿意在电视现场直播中投入比平时价格高出好几倍的广告。例如：省级体育频道转播世界杯或欧洲杯等足球赛事时段的广告价位比平时同时段的价位要高三倍。目前，移动直播虽然还不能与电视现场直播相比，但是具有与之相同的特性。

(一)真实性

现场直播是由记者在现场把事件的图像、声音及记者报道、采访等转换为广播或电视信号直接发送的即时播出方式,终端画面与现场是同步的,也被称为实时播出,具有真实性。观众不需要到现场就能看到现场的实时画面,犹如亲临现场。

(二)艺术性

现场直播由摄像师拍摄电视画面。摄像师对画面进行艺术构图,再加上电视导播的二次创作,将现场画面和现场声音传送出来。现场直播不仅有强烈的真实感,还有一定的艺术感染力。同时,对于一些精彩镜头还可进行慢动作回放和现场专家解读,再加上解说员的激情解说,观众可以尽情享受美好的电视现场直播时光。

(三)可看性

电视现场直播基本没有导演和表演的痕迹,是对真实故事和真实事件的记录。电视工作者对电视画面语言的应用,使用蒙太奇手法进行各景别的交替切换,增加了画面的逻辑性、生动性,使直播精彩、好看。

(四)便利性

移动电视现场直播的设备简单轻便,有时直接用手机完成直播。正式场合下多通过"融媒助手"将视频信号传送到融媒体平台上,实现现场直播。在有网络的条件下,能不受环境因素影响,对突发事件,自然灾害和疫情防控进行现场直播。

(五)刺激性

刺激性是指看电视现场直播时人们难以预料下一秒会发生什么。例如在球赛直播中，观众很难预料比赛结果，只能根据在场球员的表现和实力来预判结果，具有一定的刺激性。

第二节 移动直播的条件

移动直播条件包括网络或者网络信号、直播环境和人员等。外采记者要有移动直播设备，可以通过手机 App 将现场视频或音频信号实时地推送回融媒体平台。这些信号不仅在平台上直播，还能为新闻提供线索。可在后台对直播流进行实时监控预览。

一、网络条件

网络——传输、接收和共享信息的虚拟平台，它可以将不同点、面和结构的信息连接起来，实现资源共享。网络是人类发展史上的一项重大发明，它提高了技术和人类社会的发展速度。在信号传输过程中，网络路径的大小直接影响到信号传输的速度。宽带网络一般被定义为带宽下行大于 25Mbps 的网络。与宽带网络相当的是窄带网络。宽带网络可分为两部分：宽带骨干网和宽带接入网。今天的宽带网络大多在 100Mbps 以上，在经济发达地区则为 300Mbps。网络速度越高，信号传输就越快，反之则越慢。例如，4G 标准规定，移动速度在 100Mbps 以上，固定速度在 1000Mbps 以上,都可以称为4G网络。网络速度通常会受到影响,并因网络配置、传输设备、区域经济等因素而不同。在实时多媒体传输的情况下,网络速度的大小直接影响到传输的质量以及使用媒体融合助手的文件返回。因此,较高的网络速度是融媒体平台上直播频道的前提条件。①

二、使用设备

融媒体平台的直播设备包括摄像机、照相机、控制台、解码器、频道和窗口等。广播系统的稳定性对于直播节目的技术质量、安全性和可靠性至关重要。广播设备的维护、检修和测试旨在防止广播过程中发生事故。为确保设备正常工作,安全播出,必须坚持对设备进行定期检修和测试。为防止系统"故障",应坚持对媒体平台设备进行定期维护、保养、检修和测试;对信号系统、控制系统、频道指示系统的功能进行测试和调整;对各设备电源进行测试和校准;及时将设备性能测试情况记入设备技术档案。在对系统进行维护和检查时,一定要全面、认真,不放过每一个环节,特别是在每次直播前要认真检查系统各方面是否正常,及早发现故障的苗头,防止事故的发生,在维修后进行主动维护,保持系统安全稳定运行。日常维护可以大大降低设备故障的发生率,作为一种预防措施,确保广播系统始终处于良好的工作状态,从而更好地保证直播节目的安全传输。

三、人员配备

电视直播团队是直播的前提条件,由于直播规模有大小之分,所以要根据规模来确定团队人员的组成。

---

① 王宏. 融媒体实务[M]. 北京:中国传媒大学出版社,2020.

导播：是直播的艺术导演，是直播的关键人物。导播要对回传的电视信号进行二次创作。一般直播现场有3~6台摄像机甚至更多，每台摄像机的信号与导播台连接，导播根据每台摄像机回传的图像进行镜头切换，增强电视画面逻辑性。因为播出的只能是一个镜头画面，所以导播的工作就是让观众看明白画面的含义。

主持人：在现场直播中，主持人必须能够全面准确地理解脚本，然后使用标点符号和口音再现脚本，并确保节目有序地进行。主持人必须有自己的语言风格，学会控制注意力。在进入直播当中后，主持人必须将自己的所有感官和注意力集中在要播出的内容上。

现场导演：在整个直播过程中，导演有非常重要的责任。在直播之前，导演必须对整个节目有一定的设计和了解，还必须提前做好文案编辑工作，与参与直播的不同工种进行协调和沟通，并考虑到直播过程中可能出现的所有问题，以防止因准备不足而导致直播失败。

摄像：拍摄电视画面，确保直播在融媒体平台上呈现优秀的画面质量；及时与导播台进行沟通，听从导播的指挥，确保直播顺利进行。

灯光：根据不同的直播内容，灯光师应布置好现场灯光的位置，如面光、侧光、顶光、轮廓光和背景光，以确保电视画面整体清晰、自然。

四、直播环境

直播环境是融媒体电视直播的一个重要环节，所谓直播环境是指现场的场地、人数、光线、声音等。它直接关系到电视直播的成败，因此在融媒体直播前，导演和策划人员必须先到现场考察直播环境,再做直播策划。

(一)场地

场地是直播的基本条件,是需要首先考虑的重要因素。无论是策划活动还是突发事件的直播,都要考虑场地这一基本因素,如是室内还是室外,是城市还是郊区,是山区还是海滨等。场地决定直播的视角、景别和直播规模的大小。

(二)人数

直播现场的观众人数,对直播有直接的影响。现场观众人数会影响直播的画面感、真实感。融媒体直播的对象就是人,现场观众多,反映出事件的重要程度高;现场观众少,会弱化直播事件的重要性。

(三)光线

影像是光的艺术,直播现场的光线会影响直播画面的质量。直播现场的光线分为自然光线和人工光线,自然光线包括日光、月光和星光,人工光线包括使用各类灯具照射获得的光线。

(四)声音

电视是视听结合的艺术,声音是其中不可或缺的组成部分。融媒体直播中的声音分为人声、自然声和音乐声。按照录制方式的不同,声音可分为同期声——对白、自然音响、动作音响等,也就是直播现场所固有的声音;配音声——解说词和画外音、音效、音乐等,这是在直播过程中人为安排播放的为现场烘托气氛的声音。

目前,直播行业进入了一个新的时期,"千播齐发"的时期已经过去,深度运营的时期已经到来。在类似抖音这样的短视频的冲击下,直播的大环境也变得日趋严峻。直播同行应该携起手来维护良好的直播秩序,建立良好的直播市场以及更为规范的发展模式。

五、直播内容选定

融媒体平台的直播内容既丰富又简单、既严肃又轻松。严肃是由于它代表着党和政府的形象;轻松是由于它融合了互联网新媒体的内容。直播内容不是完全自由化的,而是具有在一定流程管理下的自由,它基于个性与小群体,既有开放的内容又有严谨的内容。因此,融媒体平台上的移动直播要寓教于乐。

新闻业的客观性要求公平、公正,在新闻所涉及的人、事实和意见之间尽可能地保持平衡。如果新闻不平衡,比如视觉冲击力取代了其他的新闻价值,报道就失去了其原有的报道真相的本质。因此,电视直播报道的真实性是毋庸置疑的,观众对其有高度的信任。电视直播内容的选择也很重要。直播的内容首先必须守法,同时也必须贴近生活,为人民服务,以人为本,尊重人本主义原则,始终关心观众。新闻是人的活动,所以电视直播始终关注人的动向。

第三节 记者外采直播通道

一、记者外采直播通道的主要功能

融媒体中心平台对记者外采进行直播,能把新闻快速传递给观众。记者外采直播通道有以下功能:①在使用直播通道时能够进行栏目资源和栏目选题资源管理;在同一栏目下,用户上传的素材可以共享。②直播信号或者视频文件跨网上传得到安全保障,安全客户端工具能够安全地识别记者回传的资源素材的关联性;视频文件可以得到本地资源的上传转码,还能够使用第三方的转码工具平台,如阳光融媒转码平台;具有便捷的资源检索功能,支持按照日期、创建人、类型、标签、编目信息进行检索。③直播传输通道具备资源的批量删除功能,支持回收站管理,只有具有相关权限才能彻底删除资源;将资源素材按照视频、音频、图片和文档进行分类;支持对资源素材的预览、重命名和下载功能。[1]

二、直播通道支持的格式

(一)文字图片

JPG格式是最常见的图片格式,是报社记者和新媒体记者外采使用的主要文件格式。记者在现场通过"融媒助手"App上的修图软件可以将用手机或者专业设备如单反相机拍摄到的新闻图片进行调整,再回传到平台上。记者在现场撰写的新闻稿件也可以通过"融媒助手"App实时回传,第一时间回传给栏目组或部门审核。

(二)广播音频

融媒体中心平台的广播电台在进行现场直播时,其音频信号可通过直播通道回传。融媒体中心平台支持多格式文件混编,具有实时编辑4轨高清格式视频、4轨音频、2轨

---

[1] 邓双. 人民日报客户端新闻直播的传播策略研究[D]. 郑州:郑州大学,2019.

字幕/图片的能力;支持对WMA、MP3、WAV等音频格式文件的多轨后期处理,包括音量平衡、效果处理、混音合成等。[①]

(三)视频信号

融媒体中心平台的电视直播视频信号采集是由现场摄像设备完成的,也就是说,使用不同摄像设备所获得的文件格式不同,回传的格式也就不同。4K、8K、HDMI、标清等技术,决定了视频回传信号的生成格式。融媒体中心平台支持采集设备存储介质的素材导入及导入前的浏览、挑选,支持高清、标清格式的音视频信号采集。

第四节 直播内容审核与准备工作

一、直播内容审核流程

融媒体平台的审核流程是根据权限来制定的,在平台上权限代表着审核的严谨性,不同岗位的人拥有不同的权限。直播内容的审核流程是:记者或用户提交内容——审——二审—三审—播出。

二、移动直播内容

融合媒体平台上的移动直播与电视直播不同。移动直播是指在融合媒体直播平台上以语音、视频、文字、图片等不同方式和手段进行的思想交流、道德宣传、文化传承、娱

[①]郭迎春. 县级融媒体中心的运营机制探索[D]. 海口:海南师范大学,2020.

乐休闲等精神文化活动。融合媒体直播平台的内容包括国家政治、经济、文化等社会公共事务信息,与我国社会稳定和公民权益相关的突发事件报道和评论,以及新媒体和自媒体内容。

三、申报选题

负责人或制作人在接到直播任务后,要对选题进行全面调研。因为选题是直播的基础,决定了整个报道的风格和方向。在当今这个快节奏的时代,一个好的故事是成功的一半。仔细规划话题很重要,因为即使是标题也会影响到观看直播的观众。因此,需要考虑时间段和移动用户的需求,研究社会热点,关注特殊时刻,并将其与日常关注的问题相结合,同时关注人文问题,寻找与观众的情感共鸣。融媒体平台将满足用户利用碎片化的时间访问多个新闻网站并寻找情感联系的需求。①

四、确定执行人员

选题获批后就要选定执行人员。融媒体平台电视现场直播对人员要求很高。

第一,对策划人员的要求:对策划人员的基本素质有要求,有思想是第一要求,要突出内容主题。

第二,对导演的要求:对导演的艺术水平有要求,既要有现场捕捉新闻的能力,又要有较高的艺术创作能力。

第三,对摄像师的要求:既要有思想,又要有较高的艺术水平和专业性,艺术水平体现在对电视画面语言的掌握

---

①许安娣.电视直播音频准备工作的要点思考研究[J].电脑高手,2021,(第3期).

上,专业性体现在摄像机使用技能上。现场拍摄也是摄像师的艺术创作,要选择好角度,讲究构图,服从导播的统一指挥。

第四,对出镜记者的要求:出镜记者是新媒体直播的关键人物,有时以"网红"的身份出现,是一次移动直播的主角。出镜记者在前期的选题策划中要积极地融入,运用创新性思维完善方案,找准切入点,力求对报道思路了然于胸,在直播报道中有的放矢。为了在移动直播中发挥自身的作用,出镜记者应该不断增强心理素养,提升专业能力,增强工作意识。出镜记者、主持人参与移动直播进行实时报道,能够提高移动直播报道的真实性,有助于提高收视率。

现场直播是实时电视节目的播出方式。它的技术特点决定了它容易伴生风险。因为直播没有或几乎没有编辑的余地,能加以控制的机会极其有限,所以要求参与直播的工作人员各司其职,通力合作,提前制订详尽的播出方案及应变计划,充分做好直播前的准备工作。

(一)测试网络

在融媒体平台的电视现场直播中,网络是主要的技术关口。直播活动前最重要的工作是测试网络环境,带宽需要保证上行速度在100M以上。一般网络满足以下几个参数要求就能流畅地做直播活动:有线连接最好是专线网络,上传带宽不少于300M;无线连接受周围环境影响较大,编码器要尽可能靠近发射源,保持信号强度,同时无线网络使用专供编码器连接,避免其他接入设备抢占网络资源。此外,手机热点受周围环境影响较大,建议在手机信号良好的地方使用4G直播。4G网络波动可能性较大,直播应选用稳定的4G卡。在网络条件满足直播需求后就可以开通直播现场通道,进行网络直播测试,完善基本信息在直播通道上的传输;同时在手机上下载"融媒助手",测试手机信号的稳定性。

(二)选定任务栏

在融媒体平台上选择好要做直播的媒介或者栏目。进行单一媒介或者栏目直播时要及时选择好任务栏,并做好直播前的调试工作。

(三)选定回传通道

回传通道对于直播至关重要,直播前要选定回传栏目的下载位置,做好录制储存位置的选定、文件的命名和文件夹的设定等工作。

(四)信号收录

信号收录在平台上有严格的要求,它的主要功能包括:第一,能够将各种来源的信号录制生成视音频文件;第二,视音频模块提供高清、标清SDI信号及IP信号的自动收录,并具备采集、迁移、入库等功能;第三,具备对收录的IP流节目视频的码流修复功能等。

第五节 直播应急措施与记者角色定位

在进行现场直播时,若相关设备出现故障,需要遵循"先应急,后处理"的基本原则,及时启动应急方案。直播前的准备检查和交接班制度的实施是一项重要工作,每次直播前融媒体实验室当值技术岗位人员必须填写直播设备状态检查表,并进行确认。

一、现场应急措施

(一)现场应急

网络在直播现场应可获取多种网络支持,目前我国三大电信运营商的网络布局比较广泛,因此现场可准备三个应急网络选项。

(二)直播期间的应急处理

直播期间,子系统或设备出现故障后,应按照"先应急,后处理"的原则来进行处理。所谓先应急,就是在第一时间判断设备故障点,启动故障应急预案,在最短时间内恢复正常播出,把事故影响降到最低。后处理,就是在应急状态下完成直播后,立即进行系统的修复和调整工作。这就要求直播系统除了能实现系统各环节应急处理外,还能实现直播期间的快速恢复。当无法准确预计直播节目时间时,编排人员需要提前做好备播预案,提前上传好备播节目,而不应该在直播中临时决定填充的内容。[①]

(三)应急播出内容的准备

所谓的应急广播就是通常所说的"垫播"。当电视直播节目遇到现场情况、信号中断、设备故障等意外事件时,管理团队会播出应急准备的节目、广告、MV等节目,这就是"垫播"。应急广播的主要目的是保证电视屏幕不出现空白(这是严重的广播事件),一旦应急事件结束,直播可以继

---

① 何世锋. 新闻直播过程中的应急处理[J]. 视听,2018(05):135-136.

续,团队将把信号切换回直播场地。"垫播"是每个直播团队必须提前准备的任务。在电视直播业务中,仅仅依靠硬件保障是不够的,还要定期进行应急操作演练,确保每一位技术人员和导播人员熟悉应急管理系统,时刻保持警惕,一旦在直播过程中出现系统异常,就可能第一时间做出反应,启动应急预案,保证电视直播的正常运行。同时,每位台长在操作过程中要有安全责任感,避免发生人为事故,从而最大限度地保证电视直播的安全。

二、应急人员的准备

"以人为本、安全第一"是处理突发事件时应遵守的重要原则。其中,"以人为本"不仅是应急管理的支柱,也是应急管理的价值所在。电视直播必须具备良好的心理素质,才能在不同的突发事件发生时冷静地处理。因此,直播人员在日常工作中应注重提高自身的心理素质,增强处理突发事件的能力。在电视直播前,负责控制、摄像、音响、灯光的人员要检查控制台等设备,检查字幕和直播内容等;要做好准备工作,及时处理突发情况,避免直播中断。

记者定位也叫即时定位,是融媒体平台上应用较为广泛的一项新技术。把记者定位融合到融媒体平台上有一定的现实意义。

三、记者角色的定位

(一)记者定位的意义

20世纪80年代,电视新闻报道出镜记者开始出现在我国电视荧屏上,增强了电视新闻的现场感。21世纪初,出镜记者现场播报成了新闻节目中最具生机的报道形式之一。

在互联网发展过程中,媒体趋向融合,越来越多的主流媒体综合使用多种终端直播报道重大的新闻事件,这对平台对记者的调度、派发,观众对记者所在位置的了解等都有较大的帮助。融媒体的发展使观众能够更迅速地了解新闻事件的发生发展情况,同时传播速度的加快也对出镜记者的现场信息处理能力和语言应对能力提出了更高的要求。记者定位的意义在于:

首先,带给观众真实感。真实是新闻的准则。记者进行现场报道时,通过融媒体平台上的记者定位,观众能看到记者所处的位置,这让新闻更具真实性。

其次,带给观众第一时间感。记者定位给观众留下一个印象,即记者已经在现场了。记者定位解决了以往电话连线只出现记者的照片,观众不能确认记者是否在现场的问题,给观众带来一种第一时间感。

最后,便于统一指挥、统一调配记者。记者定位采用的是全球定位系统,不论记者身处何处,都能在平台上显示出来。中心平台值班人员可以指挥记者到最近的新闻现场,第一时间进行新闻报道。

(二)记者定位的作用

1.记者定位可提升新闻报道的真实性。

出镜记者作为新闻报道的核心部分,对现场的新闻事件进行准确、细致的描述,合理把握新闻事件的发展过程和内容,使观众对新闻内容有全面的了解。记者出镜时直播通道播出不流畅或者受环境限制播出时隐时现等,不仅会降低新闻的准确性,更会降低新闻报道的整体质量,观众也无法对整个新闻事件进行全面理解。以往的解决办法是,用音频将信息传回导播间进行音频直播,而融媒体平台可直接改用移动客户端进行直播,以解燃眉之急。

2.记者定位能完善出镜记者与融媒体平台指挥人员的实时协调机制。

出镜记者的出镜环境存在未知性,在新闻报道中可能遇到地震、台风以及山体滑坡等突发情况,这就要求出镜记者沉着冷静地应对现场的危险。在意外情况发生时应该在保证自身以及同事安全的前提下,及时、准确地进行新闻事件的报道,从而出色地完成报道任务。在融媒体平台上记者可以通过"融媒助手"App进行移动直播,通过配置不同的直播平台目标地址,推送现场直播信号。

3.记者定位能开辟新闻现场报道的时空通道,提高新闻生产效率。

融合媒体记者外场使用的App是融媒体移动化采编生产发布工具,能帮助记者实现新闻生产的移动化,提高新闻生产效率。融媒体平台可以准确定位到记者所在位置,及时与记者通信联络,直接派发选题,缩短了事件发生地与记者在空间上的距离,提高了新闻事件的时效性,缓解了时间和空间对新闻发布的限制。同时,这对记者自身素质提出了更高要求,对媒体良性发展起到了促进作用。

(三)记者定位功能的使用

首先,记者要进入融媒体平台进行身份认证,认证过程中需要与记者所在部门负责人对接。其次,融媒体平台选择卫星定位系统(卫星定位系统由融媒软件来决定),确保采访视频文件的接收,对远程回传视频进行检测。最后,记者将回传视频文件汇聚到资源平台上,资源平台对记者回传的位置进行确认存储,形成位置信息,便于今后查询哪位记者在什么时间在此地进行什么新闻报道或移动现场直播,通过融媒体中心在哪个媒体上发布,等等。

记者定位负责推送视频文件的审核通知,同时也支持负责人创建、审核选题。

在任务执行过程中,执行人以及其他参与人可以针对此任务进行素材(视频、图片、稿件)回传,将移动设备内的资源实时回传到平台上,并进行后续资源调用与生产。回传的资源会自动进入资源管理系统并按任务名称存放。

即时定位的选题不同于任务派发,在实际分配任务过程中,如果遇到同一选题需要不同的记者来完成的情况时,平台就会自动提供可选择的记者。系统支持分配任务时重命名任务。

(四)出镜记者与新闻直播的关系

电视现场直播报道是当前电视节目为了增强现场感,为观众传递准确信息的重要手段之一,而出镜记者则是传递信息的主体。在当前融媒体快速发展时期,主流媒体迫切需要提升舆论引导力和影响力,新闻直播报道竞争愈加激烈。对于融媒体来说,出镜记者的现场直播报道对提升新闻表现力与影响力具有重要的作用,受众更喜欢观看现场直播报道。

在播报重大新闻或突发新闻时,融媒体平台值班总编可以通过资源地图定位记者位置,进行现场视频连线以便指挥调度。融媒体平台支持标准直播流的推送,可进行码率、分辨率的调整设定。

记者回传系统为个人提供了资源管理空间,记者或摄像师可以随时随地将素材与稿件回传到个人的私密空间,方便后续分享或生产调用。此处回传的素材与稿件,只有本人可以预览,其他人员不可预览。

(五)资源地图的应用

资源地图是提供给部门负责人查看的,通过它不仅能够查看记者所在的位置,也能查看新闻事件发生的位置。资源地图为指挥新闻事件的采访报道提供了便利,通过资源地图还可与其他相关部门进行通联合作。例如,2019年福建省某县暴雨洪灾造成直接损失2.3亿元人民币,当地奋力开展抗灾自救,受灾乡镇的供水、供电、道路交通、通信等设施迅速被恢复。在融媒体中心平台上,通过资源地图的窗口,可查看决堤位置,并通知应急管理部门、乡镇村各级政府,还可通过融合发布渠道,对灾情发生的具体位置进行预警。受众通过手机、电视等不同媒介能及时看到实时信息,从而做好预防工作,把损失降到最低。

资源地图在县级融媒体平台上的作用是显而易见的。它可以标注当前在线记者的位置和采访任务,能够对人员、设备车辆等资源进行定位、监看,将这些信息实时展现在融媒体平台指挥中心上。融媒体平台指挥中心可以根据现场状况进行合理、有效、快速的调度,分配记者进行报道,调度任务可以通过指挥大屏、PC或者手机App推送给记者。

记者在手机上开启App,管理员通过调度指挥系统的Web端便可以实时定位记者或摄像人员的位置,查看当前的任务状态。通过资源地图还可以为邻近的记者创建新任务。

(六)记者定位技术

目前,大多数融媒体平台实现记者定位主要是依靠北斗卫星导航系统或GPS。虽然记者定位在技术层面很容易实现,但在融媒体平台上有严格要求,不是平台上的每一位用户都能查看和使用定位信息,只有有使用权限的人员才可以。

1.权限划分

县级融媒体中心平台的管理员先对记者进行权限划分,此时记者的权限是暂时的,授予记者权限的目的是让其能看到自己所在的地理位置和新闻事件发生地的位置。

2.定位系统

目前大部分融媒体中心平台所采用的导航系统是我国的北斗卫星导航系统。

北斗卫星导航系统有四大功能:①短报文通信;②精密授时;③高精度定位;④容纳大量用户。

(七)资源地图在移动客户端中的使用

融媒体中心平台上的用户打开"融媒助手"App界面,点击资源地图,就可以通过管理员授权查看自己所在的位置,并能够通过实时定位、实时导航,迅速赶到新闻事件发生现场。

(八)记者定位派发功能

融媒体平台向用户或记者派发在线直播等任务时,是依靠记者定位来完成的,这一功能可以帮助融媒体平台及时、准确派发需要记者执行的采编任务。

1.及时准确派发任务

外采记者能够通过融媒体中心平台直接与部门负责人或者更高一级的负责人进行互动;平台上的人员可以查看记者的位置,直接指挥调动记者前往拍摄地,或者另外派发任务等。准确、及时是记者定位功能的特点。在"融媒助手"App上记者也能看到自己所在的具体位置和事件发生的具体地点,及时了解自己所要完成的任务。

2.现场指挥

平台控制中心通过记者定位系统,可实时看到记者回传的电视画面,并据此指挥现场记者进行合理有效的新闻采访,指导出镜记者的现场行为,提出播出要求,及时向出镜记者传递与报道有关的历史资料,让直播更加深入。平台还具有同时指挥多路记者行动的功能。

3.调配广播采访

以往的广播电台记者外出采访时,仅能依靠通话模式进行采访和回传音频信号,真实性受到一定的质疑。现在通过融媒体中心平台的记者定位系统,平台指挥中心就能指挥记者进行现场采访并定位记者位置,真实性强。

4.应急任务

县级融媒体中心平台融合了综合服务模块,并将其链接到党建政务窗口,能够第一时间获得全区域的应急任务,便于记者第一时间赶到现场,相关部门也能够第一时间通过融媒体中心平台掌握现场的情况。

第三章 融媒体微信公众号的传播机制

新媒体是融媒体平台上的主力军。微信发展迅猛,很快就得到了广泛使用。微信作为自媒体,已成为当今人们传递信息的主要平台。融媒体平台上的微信运营与互联网时代的市场运营息息相关。在融媒体平台上建立一个强大的微信矩阵,可汇集成千上万的微信公众号、微信群等,传递有价值的信息。微信发布流程是融媒体平台上的关键流程之一。

第一节 微信与微信推文编辑

一、微信的定义

(一) 微信的起源

微信是由腾讯控股有限公司(深圳)于2010年10月设计并推出的,由腾讯广州研发中心的产品团队开发。该团队由首席执行官张小龙领导,曾成功开发过Foxmail和QQ邮箱等互联网项目。腾讯董事长马化腾在其产品规划邮件中确认了该产品名称。

(二)微信的定义

概括地说,微信支持使用通信媒体和操作系统在互联网上快速、免费和低流量地发送语音信息、视频、图像和文本,同时用户还可以使用共享流媒体内容和基于位置的社交插件摇一摇、朋友圈、公众号平台、语音笔记和其他服务。微信是一个免费的应用程序,为智能设备提供即时通信服务。

(三)微信的属性

如今,微信的发展越来越成熟,微信公众号已经成为一个成熟而庞大的流量库。至于公众号的应用,2017年4月发布的新版本允许公众号与各种小程序主题链接,彻底打通了公众号与小程序之间的联系。这样一来,除了广告、营销等传统营销外,在公众号成熟而庞大的流量产生端,更容易使用电商、流量转发等新的营收模式;在小程序方面,通过不同公众号的跳转,提高用户的打开频率,从而一举两得。[1]

微信已经成为一个独特的生态系统,微信公众号通过利用这个生态系统为用户提供丰富的内容和良好的体验,持续快速增长。

微信支付是新的商业模式得以确立的关键推动因素。微信支付完成了微信生态系统的最后阶段,不断简化支付流程,使商户和用户之间的互动更加高效和便捷。用户可以从朋友圈和公众号获取商品或服务信息,小程序可以提供特殊功能和服务,终端用户通过微信支付进行购买,消费在生态系统中得到加速。

---

[1]李广欣.出版社微信推文编辑策略的传播效果研究[J].科技与出版,2017(09):124-130.

二、微信小程序

具有高度社交功能的小程序系统,已经成为App独立平台和流量渠道生态圈的重要组成部分。小程序通过线下扫码、转发到微信群、拉到微信上搜索等方式作为进入的钥匙,本身就带来了很多的社交特点。具有很强的社交属性,容易产生推广和消费转化流。对于有可用流量的第三方App平台、网站和公众号来说,小程序不仅可以增加应用场景和新的履行渠道,还可以通过微信生态圈的反复社交传播,增加产品知名度和消费机会。

三、微信用户量

微信已成为全民级移动通信工具之一。根据腾讯2018年第一季报数据,微信及WeChat合并MAU达到10.4亿,超过2017年底我国7.53亿的手机网民规模,微信已实现对国内移动互联网用户的大面积覆盖。截至2022年6月30日,微信及WeChat月活跃用户12.99亿,继续同比增长3.8%,幅度不大但持续保持增长态势。微信已成为国内最大的移动流量平台之一。微信在民众中的使用进入一个平稳时期。2022年,微信占据移动互联网用户使用时长TOP10榜单的第一位。

目前,微信已经完全融入国内网民的生活,成为一种生活方式。占据了国内网民使用移动互联网时长的23.8%,排在第二位的腾讯视频仅占据4.9%的时间,微信已经培养出用户高度的依赖性。《2022年微信经济社会影响力报告》显示,2022年由微信驱动的信息消费达到2097亿元人民币,拉动流量消费达1191亿元人民币,微信已深入渗透到人们日常生活和商业活动之中。

四、微信推文编辑

（一）融媒体中心平台上微信应用的意义

融媒体中心平台实现了传统媒体与新媒体的融合，其意义之大、内容之强影响之广不言而喻。

第一，强强融合。传统媒体与新媒体在融媒体中心平台上实现了融合，极大地影响了人们的生活；传统媒体受众和新媒体受众的融合，助推了我国融媒体产业的发展。电视报刊是传统媒体中的强者，而微信微博是新媒体中的霸主，它们之间相互应用、相互支持、相互融合，将为我国文化产业界在互联网新时代带来一场革命。

第二，政民互通。互联网时代党政机关利用互联网为民服务，受到人们的欢迎。各级党政机关充分利用新媒体建立与网民沟通的渠道，及时传达政府的政策，人们通过新媒体及时向党政机关反映心声。通过微信平台与政府互动，人们提出的疑难问题将得到及时解决；各级政府充分利用微信公众号、小程序等，可提高为民办实事的水平。

第三，创新技术。新媒体技术创新是互联网时代的一个标志，新媒体的编辑技术创新、播发技术创新和移动端创新等，给这个社会带来了巨大变化，尤其是大数据和人工智能技术的应用、网络传输的提速、移动端的推陈出新，给人们的生活带来根本的改变。融媒体中心平台为新媒体技术创新提供了应用平台。与此同时，融媒体中心平台技术也在不断创新，以适应互联网新时代技术创新的步伐。

第四，同时播发。电视台播出节目有一套严格的播出流程,新媒体的内容发布流程相对而言较为宽松;电视台具有一定的严肃性,新媒体则较为自由;电视台和新媒体在融媒体中心平台上进行融合,融媒体中心平台能够通过智能播出技术,有效地将两者发布、播出的内容进行融合。在党政服务窗口中,对重要的事件可以同时播发,如通过电视台和微信公众号对党政政策、应急事件等进行同时播发。同时播发使传播面积扩大,影响力增强。

第五,资源共享。互联网时代,新闻的同质化较为严重。融媒体平台采用大数据云技术,建立资源共享平台,对新闻线索进行汇聚,智能分拣同质化的新闻,对有价值的信息分区域、受众群体和用户地进行发布。传统媒体的信息收集具有一定的限制,不是所有的信息都能被收集;新媒体则不然,它以海量信息来吸引用户,也造成了垃圾信息满天飞的现象。融媒体平台能够较好地解决这个难题,做到信息资源共享。

第六,携手发展。互联网时代传统媒体不是灭亡而是再得新生,靠的是融合。传统媒体与互联网融合,与新媒体在一个平台上融合,二者可发挥各自的优势,携手打造最新的媒介融合平台,进行技术创新、内容创新、形式创新,共筑一个崭新的融媒体平台。

(二)融媒体中心平台上的微信应用

融媒体中心平台能实现微信推文编辑、视频直播、广播编辑等,而且用户还能在"融媒助手"App上进行内容编辑,体现出互联网便捷迅速的特征。融媒体中心平台把微信纳入线索汇聚模块,使微信能够与各个媒体以及综合服务窗口联系起来,实现通联协作。这是媒介融合的一个重大突破,对融媒体发展有着重大意义。

1.在融媒体中心平台上建立微信矩阵

在融媒体中心平台上,新媒体应用是一项重要内容,微信是新媒体应用中的主要内容。由于微信生态圈庞大,因此应在中心平台上加强科学管理。首先要建立微信矩阵,这主要是为众多微信群和公众号准备的。融媒体中心平台建成之后,会有大量的微信群和公众号进入,为了提升宣传效果和实现信息快速传递,微信将成为数量庞大的受众群体的聚集地。为了有效区分每一个公众号和微信群,就要把它们有机地合理地按照性质类别区分开来,这就形成了微信矩阵。微信矩阵与微博矩阵类似,可以在后台添加多个关注的微信公众号,每一个微信公众号推送的消息都可以实时反馈到U-Center融媒体指挥中心系统上。

2.微信推文的创作

主要是针对官方微信公众号的推文创作,对它的要求及其审核流程基本与融媒体中心平台上的文稿创作一样,需要进行线索搜索,或者派发任务,提出选题申请,获得批准后可以进行现场采访、文稿创作,有时要根据需要或者企业要求策划创作。推文发布前需要进入融合发布通道,在微信矩阵中选择发布的对象和群体,通过一键单发、一键群发和一键全发的功能实现发布。目前建有云平台的融媒体都能直接推送微信。

3.微信管理审核

只要在融媒体平台进行微信发布,就要通过融媒体平台上的审核流程。目前的融媒体平台基本由政府主导,政府微信公众号、App等便民窗口目前也在融媒体平台上迅速崛起。对微信公众号的审核相对比较宽松。

（三）登录微信公众号

微信公众号是开发者或商家在微信公众平台上申请的应用账号，该账号与QQ账号互通。通过公众号，用户可在微信平台上通过文字、图片、语音、视频等与特定群体进行全方位沟通、互动。融媒体平台上的微信运营主要是针对微信公众号的运营，需要用户与腾讯就用户使用微信公众平台服务订立有关协议。"腾讯"是指腾讯公司及相关服务的运营关联单位。"用户"是指注册、登录、使用微信公众号的个人或组织。微信中"其他用户"是指包括订阅用户、其他微信公众号用户和微信用户等在内的除用户本人外与微信公众平台服务相关的用户。可在融媒体平台上进行微信公众号的运营，并开展微信的各项服务。

1.基本配置

由于微信公众号是一个传播媒介，每个公众号都有登录密码和运作方式，因此要对其进行运营，就必须有"其他用户"或推流地址。在融媒体平台上进入"开发"窗口后，在"基本配置"中登录公众号，平台就可以通过所选定微信公众号发布推文。腾讯公司对公众号有一套完整的管理机制，对公众号的"户主"有严谨的审核流程，如登录地址、身份确认、设置密码等。这是为了确保公众号"户主"的账户安全。微信公众号拥有一定的受众群体，影响力较大，尤其是党政部门的微信公众号，社团和企业的微信公众号也有很大的影响力。在融媒体平台上运营微信公众号时也需要符合微信公众号运营的审核条件。

每一个微信公众号都有自己的网络应用程序密钥（AppSecret),要进入公众号运营后台,就需要使用密钥。它保护公众号不被他人入侵。

2.融媒体平台与腾讯平台实现有机链接

腾讯平台要确认融媒体平台拥有公众号的运营权。进行密钥设置之后将拷贝的 Appld 和 AppSecret 录入 CMS 系统中,就能对公众号进行日常运营。

微信公众号在融媒体平台上编辑、审核、发布需遵循以下流程和规定:

第一,平台对微信公众号的运营坚持统一管理、部门负责的原则。微信部门负责微信公众号的日常维护管理,统一发布信息;各部门向微信部门提供信息及回复,经部门领导审批后发布;重大事项信息,经总编审批后方可发布。

第二,微信部门安排专人负责本部门拟发布的微信公众号信息的收集整理,经部门负责人审批后,向上一级申报。要确保所发布信息的准确性、时效性和适用性,要明确信息来源,对于来源不明、内容不准确的信息不予发布;内容应简洁,文字表达要清晰,并附带相关图片,做到图文并茂。

第三,对用户通过微信平台提出的问题、意见等,微信部门负责转达给相应的记者或用户,由相关部门通过微信平台及时反馈。

第四,微信公众号信息发布、转载必须遵守国家有关规定,并严格履行审核程序,未经审核的信息不得发布,严禁发布不宜公开和涉密的信息。

微信推文编辑是指在推文发布前的所有文字和图片的编辑,当然还包括视频文件的编辑。在融媒体平台上进行编辑时,编辑者可搜索关键词,利用平台上的群众爆料、微信爆料等资源优势,实现资源共享。

狭义的微信编辑,指对微信中常见的口语化的语句表情包、问候语、简单短视频等的编辑,使用。在微信群中,使用表情、问候语、网络用语等更能贴近网民。

在任务栏中选择微信,会弹出在线编辑窗口,可进行文字、文件、图片和视频的编辑。首先要选择文字、图片或者视频。平台资源管理库中海量的资源为微信推文的编辑提供素材源。与此同时,融媒体中心的记者或用户也可为微信推文提供更多的素材。重要新闻、应急通知或有价值的信息,可以直接在平台上进行微信推文编辑,这极大地方便了编辑者。

融媒体平台内置了用于编写图文的混排工具。将编辑好的文章发布到平台的微信编辑器上后,编辑者可以直接在平台上进行推文编辑,主管负责人可以在线审阅。

资源管理库中的图片可被直接发送到编辑界面。编辑人员要根据自己所编写的文章内容在资源库中找寻需要的照片,直接检索相关信息就可以获得具体的素材。在编辑界面上,还可以删除、修改图片的内容,添加必要的说明文字。

图片进入编辑界面后可以裁剪大小、修复色彩、设置为封面图。融媒体平台都有配套的微信编辑软件和图片编辑软件,进入图片编辑软件后可对选中的图片进行编辑、修复。

在图片编辑界面,可以对从资源管理库选出的图片进行编辑,以用于微信推文。虽然在编辑界面上对图片进行了编辑,但资源管理库中的原图没有任何改变。

图片剪辑软件是软件开发商自行研究开发的,它是微信推文编辑器上的一个重要编辑软件。由于微信推文作者大部分是业余人员,并没有进行过系统的摄影摄像学习,所拍摄照片的质量和构图都可能存在一定的问题,甚至有的照片的色彩和亮度都无法反映照片的内容,严重影响推文的质量,因此融媒体平台微信推文窗口的图片编辑是一个非常重要的环节。

要把微信推文推介给公众号读者,就需要有推文封面。编辑界面有裁剪功能,可以将裁剪后的图片设定为封面。

五、微信推文的保存和签发

编辑结束后,需要对微信推文进行保存、审核、发布三项操作。

保存到"我的稿件库"。文稿会被保存到平台上"我的稿件库"中,不仅方便自己编辑也便于提交送审,或提供给其他记者使用。

微信推文编辑完成之后,用户需要进入审核流程和发布流程。融媒体平台上的微信推文审核相对宽松,腾讯与各融媒体平台制订了标准协议,各融媒体平台要按照要求编排微信推文,这样融媒体平台审核通过后,推文就可以立刻发布。

稿件历史。在"我的稿件库"中,存有一定时期内已发布、未发布、已删除的文稿,"我的稿件库"会自动对历史资料进行分类,只要进入库中就能查阅到微信公众号历史资料,同时在库中输入关键词能够查找到一定时期内的信息和文章。

保护原素材。用户在微信推文编辑窗口中可以对图片进行多次修改,不会对原图产生破坏。窗口会保存最后修改的图片。

直接签发。具有审核权限的操作人员可以不经过审核直接将文章签发到各个站点。融媒体平台上的权限划分对于微信、微博等新媒体内容的采访编辑、发布有着重要的意义。融媒体平台不需要反复对内容进行论证,微信公众号的后台也不需要对其进行反复论证,只论证一次即可;一旦权限人发生变化,融媒体平台管理员将立即注销其身份,原有的权限人就失去了在融媒体平台上应有的权限。

六、微信审核

一审制。融媒体平台上微信推文的审核相对宽松,不需要经过三审,因此,审核由一人负责即可。审核流程必须在融媒体平台上完成,文稿会被自动保存在"我的文稿"中。

选择审核人员。由于微信公众号的编辑和审核者不为同一人,所以编辑提交审核后,稿件会流转到待签发目录下,审核人就要完成平台所要求的"一审"。平台上有多名审核人,可任意选择一人审核。

党政类微信公众号"三审制"。县级融媒体中心平台上有党政、企事业单位和社团组织的微信公众号,为了保证党政机关的权威性、企事业单位的灵活性、社团组织的公正性,平台对公众号所发布的内容,要按照三审制的审核流程完成审核。平台上经权限划分确定的微信审核人,必须严格审核微信推文。发布端审核为单次审核。

微信推文从选题到编辑成文,是一个快速、简单的过程。融媒体平台上微信推文的编辑制作和发布在一定程度上能产生社会影响,毕竟微信的影响面比较广,群众的使用量非常大。因此,加强微信推文的发布管理、内容管理是很有必要的。

第二节 微信编辑的基本要求

在县级融媒体中心平台上,对选定的微信公众号内容的编辑不像传统媒体中电视、广播、报纸内容的编辑那么严谨,但是不同性质的公众号采用的编辑方式和审核方式也不同。[①]

一、微信公众号编辑的基本规范

引导语:不超过200字,能引起读者兴趣,突出主题,进行个性化推荐。

正文部分:小段内容为主,单屏两段以上为宜,重点内容加粗。

大标题:杂志化、精品化,标题若过长可分成2~3行,居中。

小标题:并列呈现或采用逻辑深入式。小标题引用原文核心观点,小标题下增加本段落核心摘要。

视频或图片:深化内容,不宜过长。

摘要:最多两行,要求同"引导语"。

重点备注:增强读者的重视度与注意力。

版权:重视自己的版权,尊重他人的版权。

---

①赵敏,刘庆,陈珊珊. 新媒体编辑[M]. 北京:航空工业出版社,2021.

阅读原文：标题醒目，内容丰富、有趣。
关键字回复：提高用户关注度。
底部模板设置：突出一个账号的规范性和品质感。
语音：更富有情感，说出重点。
音乐：适合文艺、情感类内容。
投票：收集用户信息，提高用户参与度。

二、微信公众号应用中存在的问题

（一）微信安全性弱，相关法律法规不够完善

部分微信功能可能泄露个人信息，为诈骗行为提供便利，存在一定的安全风险。未经认证的微信公众号可能会非法获取用户的个人信息，传播未经请求的或有害的信息，影响用户体验，给用户带来严重的经济损失。主要原因是社交媒体仍处于起步阶段，从信息安全到知识产权的保护，都还没有一个坚实的法律框架。

（二）营销手段同质化，竞争激烈

微信公众号是动态传播的，微信拥有大量的用户数量和公众号运营者，双方每天都会产生大量的数据。现在的信息迭代速度十分迅速，公众号推送的信息很容易被淹没在庞大的信息海洋中，使企业很难达到预期的广告营销效果。随着微信公众号数量的增加和营销手段的统一，微信公众号的竞争也越来越激烈。

（三）部分微信公众号缺乏有效互动和交流

很多微信公众号运营者没有合理利用公众平台的各种功能，导致企业与用户之间不能建立良好的互动关系，用户的忠诚度和依恋度不高。其中一个主要原因是，运营者对

微信公众号的工作原理和使用障碍的概念理解不深,很多功能和模块没有被充分使用,运营者往往把自己当成微信公众号的客服,而不是进行社交的个体。

(四)推送内容不够优质,难以吸引用户

现在,用户倾向于阅读碎片化的信息,而不是复杂冗长的内容。同时,许多微信公众号复制和粘贴流行内容,缺乏原创性。在从"内容至上"到"用户至上"的新媒体时代,如果微信公众号运营者不能提供优质的原创内容,就很难吸引用户,留住用户的依恋,营销效果大打折扣,企业利益受损。这就会导致商业利益的损失。

三、微信图片编辑

(一)微信图文编辑

融媒体平台上有专门的编辑软件可用于微信图片编辑,在线编辑是融媒体平台的一大特色,可以用于大图片加文章的发布。

(二)图片处理

图片处理即对图片进行裁剪、修改、美化,通常是通过图片处理软件,对图片进行调色、文字添加、抠图、合成、明暗度调整、特殊效果添加、修复,等等。与图片处理类似的概念是对图像进行分析、加工和处理,使其满足视觉、心理以及其他技术要求。图像处理是信号处理在图像领域的一个应用。目前大多数的图像是以数字形式存储的,因而图像处理通常情况下指数字图像处理。基于光学理论的处理方法依然占有重要的地位。

(三)图片在线编辑

融媒体平台上有一套完整的在线编辑软件,可以实时编辑图片,而且允许平台上的同事或者上级实时查看经过授权的图片,提出审核意见,指出需要修改的地方。图片编辑软件支持引入平台资源或本地的图片资源,实时进行在线编辑和资源共享。在线图片编辑软件有以下主要的功能。

第一,支持图片基础编辑,包括图片的基础调整(如亮度、对比度、色彩饱和度、清晰度调整)、色彩调整旋转、裁剪、修改尺寸、添加文字、魔幻笔、涂鸦、背景虚化、马赛克局部变色等。

第二,支持拼图。根据文章的内容,可将多张图片进行拼接。

第三,支持添加动画。动画制作是在平台上的动画制作软件上完成的。可以提取资源管理库中的动画图片,根据微信推文创作需要将图片和动态表情进行编辑合成。

第四,个人存储。个人存储和资源管理有所不同,个人储存是指将素材存入属于自己的存储空间。由于平台留给个人的存储空间有限,个人留存的素材仅仅是用来编辑和保存的部分作品,因此应把主要的素材上传到资源管理库中保存。编辑好的图片可保存至本地或者资源管理系统中。

四、图片在线修复

在融媒体平台上,还可以对资源库中的图片进行在线修复。

选中一张图片：在资源库中选择需要编辑的图片，不需要下载或者传输，可直接在线编辑。

打开"编辑图片"窗口：应用平台自带修图软件对图片进行处理，如对图片上的局部进行修复。

保存到"个人存储"栏目中：图片编辑完成后，应打开"保存与分享"或"保存图片"窗口保存，素材会被自动保存到资源平台中"个人存储"目录中。

五、微信视频文件编辑

微信视频文件编辑是融媒体平台上的重点工程。视频文件数据比较大，而微信平台规定视频长度在30分钟以内，这就极大地限制了视频内容的上传发布。为了能够较好地应用微信平台，县级融媒体中心平台上建立的大数据云平台，较好地解决了视频文件大小问题。除了专门的视频编辑软件外，融媒体平台还绑定了软件开发商自带的视频编辑软件。与图片编辑一样，融媒体平台上的视频编辑软件也能够实现实时在线编辑、资源共享。资源库中的视频不需要进行上传下载，就可以在线实现编辑、保存。平台上有权限的用户可以实时观看、审核和提出修改意见。

（一）视频文件传输

微信视频上传系统与融媒体平台视频传输系统是一样的，只要在视频模块上进行编辑、保存，就能够实现微信视频上传。

第一，下载上传客户端。微信审片系统提供了专门的上传客户端，方便用户上传视频文件，它还可以实现素材的定时、批量上传。上传工具可以从系统Web登录页面下载，也可以从安装包中获取。

第二，登录审片系统。根据平台上的权限划分，有权限的用户使用自己的用户名登录审片系统上传工具，前提是用户的网络与审片服务器连通。

第三，进入审片系统上传工具。视频文件不同于图片文件，需要一段时间来完成审核，比如《东桥畅想曲》风光片时长3分钟，审片人员就必须花费3分钟的时间来审核。也就是说，需要花费与视频时长相同的时间来审核。使用审片系统上传工具，可以直接在送审用户的栏目中或者视频编辑软件上进行实时审核，无须经过渲染生成、上传这一系列过程。

第四，上传视频文件。微信视频审片系统上传工具可以实现单条或批量的视频上传，也允许用户设定一个上传时间，避开用网高峰期，进行无人值守的自动上传。点击"选择文件"按钮，即可选择要上传的文件，可以单选或者多选。

第五，拖拽上传。打开Windows资源管理器，将想要上传的视频文件拖拽到上传任务列表中。点击"选择文件"按钮，弹出资源管理器窗口，选中要上传的视频，点击打开。这种方法支持多选，可批量拖拽。当上传任务完成后，点击上方的"刷新"按钮，可以看到已经上传到审片系统的视频的文件名、大小和创建时间，据此可判断有无遗漏。

系统会自动过滤非视频格式的文件和一部分系统不兼容的视频文件。系统支持断点续传功能，无论是计划内的暂停上传，还是计划外的中止上传，之后都可以从上传的中断点继续执行任务。如果添加了错误的文件，在上传之前使用右键点击任务列表,可以删除任务。

(二)视频浏览

拥有上传权限的用户可以进入Web审片系统"我的视频"模块。在此模块中,用户可以浏览自己上传的未被清除的所有视频,也可以查看视频的审核情况。

可在左侧视频列表中查看视频的转码状态,当"转码"列打√,说明视频转码已经完成,可以预览。点击视频,在右侧的播放窗口可以预览视频。

当某一视频完成了审核之后,视频的上传者可以在"我的视频"模块中查看审核状态和审核意见,以便上传者对未通过的视频进行修改,重新上传。当视频审核完成,审核一栏中会出现对应的审核结果。点击审核结果,会弹出详细的审核意见。

系统提供了检索功能,可以在搜索框里输入视频文件名进行检索。系统还有时间筛选功能,可以点击页签筛选出今天、昨天或最近一周的视频。

六、微信直播

在融媒体平台上选择直播平台,把直播间的链接嵌入微信公众号里面是一种便捷有效的方法。目前阳光融媒上的直播助手已具备这个功能,所以我们可以先登录阳光融媒后台,发起直播,获取直播链接后将其嵌入公众号里。

登录后台后,在云直播里新建一个直播间。记下直播间的频道号、密码,复制供观众观看的直播链接。

打开阳光融媒直播助手,输入记录的频道号和密码后登录。

登录完成之后,选择视频源,这里可以选择电脑屏幕共享、PPT、摄像头直播等方式,点击开始直播。

通过设置关键词回复,将之前复制的直播链接嵌入微信公众号里。选定微信公众号才可以看到微信直播信号。

第三节 微信视频采集工具及功能

一、微信视频采集工具

视频快编软件基于AdobePremierePro2018架构设计,可通过浏览器调取资源平台中的视频资源进行在线编辑。其主要的功能特点有:①内容预览,在B/S快编中快速引入资源平台的视频素材以供浏览查看;②快速剪辑、缩微图显示、图形化显示操作、形成拆条任务;③支持多文件合并,形成合成任务;④支持任务单元控制;⑤支持剪切或者合并的素材的快速下载。阳光融媒体平台上使用的U-Cut是B/S架构的视频剪辑工具,可以对视频进行添加出入点、转码、剪辑等操作。首先选中平台中的视频素材,然后点击"视频剪辑"按钮,打开视频剪辑页面。可以点击"任务查看"按钮查询转码进度,可以直接将已经转码完成的任务下载到本地。在编辑软件上打入点和节点时,无须将整条素材拖入。①

---

① 万可卓,占莉娟. 我国科技期刊微信视频号运营现状及优化策略研究[J]. 传播与版权,2023(04):35-41.

二、采集技术

可通过平台上的视频编辑软件进行采集,或者通过转码器进行采集转码。目前融媒体平台通常使用软件公司绑定的视频编辑软件进行视频采集。

融媒体平台可在电视现场直播的同时对视频文件进行采集,并将其传输到指定的存储位置。这时的视频采集分为三种形式:一是通过转码器进行视频采集,二是通过视频编辑软件进行采集,三是通过导播台直接存入指定位置。

场外记者回传的视频文件分为两种形式,第一种是编辑成片的视频文件,第二种为素材视频文件。这两种视频文件都是通过记者回传通道回传的。

对平台用户上传的视频文件的采集是在平台内部完成的,具有速度快,便捷等特点。对用户上传视频的采集可以通过平台内部的视频编辑软件或者采集工具进行。因为在平台内部传输,所以其传输速度极快。

三、视频格式转换

在微信平台发布视频需要进行格式转换,一般情况下都是通过微信平台进行格式转换的。微信平台对输入视频的格式没有具体限制,多数视频格式都能够被转换成微信平台要求的播出格式。

四、视频文件的在线编辑

与图片在线编辑一样,应用平台上的视频编辑软件可对视频进行编辑。融媒体平台上的微信视频编辑要求与电视视频编辑要求基本一致。

五、视频文件的存储

由于视频文件通常数据量较大,在资源库中进行"个人存储"会占据一定空间,因此融媒体平台会根据用户的岗位设定其个人存储空间的大小。融媒体平台上的"个人存储",是管理员审核之后为用户指定的存储位置。负责微信公众号编辑的部门也使用这个模块,微信公众号编辑人员拥有"个人存储"空间,可以根据自己的需要,将文件、视频、音频和图片等内容存入"个人存储"中。

第四节 融媒体平台微信模块的基本功能

一、聊天

支持发送语音短信视频、图片(包括表情)和文字,支持多人群聊。

二、添加好友

支持通过查找微信号,查看QQ好友、查看手机通讯录,分享微信号、摇一摇、二维码查找等多种方式添加好友。

三、实时对讲机功能

用户可以通过语音、视频聊天室和其他人语音或可视对讲,但与在群里发语音不同的是,这个聊天室的消息是实时的,并且不会留下任何记录;在手机屏幕关闭的情况下仍可进行实时聊天。①

四、微信小程序

2017年4月17日,小程序开放"长按识别二维码进入小程序"的功能。经过测试,该功能在 ios 以及 Android 上均可使用,如果你无法正常打开,请将微信更新至最新版本。

---

①瞿佳. 基层政务新媒体运行现状及其提升策略研究[D]. 恩施:湖北民族大学,2022.

第四章 融媒体社交媒体的传播机制

社会媒体拉近了人们之间的距离。微博就是一个拥有巨大受众的主要新媒体力量。它与微信同属社交媒体,是社交媒体的典型代表。微博有很大的市场空间和强大的影响力,与微信一起构成了当今社会媒体的主要部分。微博和微信也是综合媒体平台中最活跃的媒体,他们的影响力和受众不应该被低估。社交媒体平台具有人力资源管理功能,QQ和微信的许多功能可以互换,H5应用程序为人们的生活增添色彩。融媒体平台几乎涵盖了所有主要的社交媒体,为地方经济发展和社会进步提供了强有力的媒体保障。

第一节 社交媒体概述

由于社交媒体的开放性和可分享性,它们已经深深地融入了人们的工作、学习和生活当中,成为一种不可或缺的工具。由于社会化媒体同时具有社会和信息技术的特点,因此关于社会化媒体的研究非常丰富,既有实证研究也有应用研究。实证研究侧重于社会特征,而应用研究则侧重于信息技术特征。语境作为这两种属性的结合,对于理解社交媒体用户的行为、需求和偏好至关重要。社交媒体被广泛用于市场营销、个性化推荐和人工智能等领域。近年来,对社交媒体背景的研究逐渐增多,应用领域不断拓宽,内容也更加广泛。

一、社交媒体的概念

随着互联网的发展,社交作为互联网应用发展的必要元素,不再局限于信息传递,而是与通信、交易类应用相融合,借助其他应用的用户基础,建立起更紧密的关系链,从而实现信息的广泛快速传播。社交媒体是一个基于互联网上用户关系的内容创造和分享平台。在移动互联网时代,社交应用在大数据和移动社交技术的帮助下具有高度的移动性和本地化,它们是一个很好的商业接入点。如今,电子商务、游戏、电子竞技、直播,甚至在线教育和金融也在互联网上引入了社交元素,扩大了用户的影响力,增加了用户的依恋度。

二、社交媒体现象

随着社会化媒体的快速发展,越来越多的人在网上获取当前热点和重要新闻的信息,社会化媒体已经成为传播信息的重要手段。实时关注的热点新闻可以迅速在各种社交媒体平台上引起轰动。这就造成了群体分化的可能,因为网民根据自己的不同需求而分化。

在一个群体中,人们的意见往往会多极分化,经过集体讨论和内部决策的无意识阶段后,会变得更加多极分化。以英国公投为例,在前首相特雷莎与欧盟就脱欧方案进行第一轮谈判后,议会中的保守党对脱欧方案不满意,对首相是否有能力继续领导英国完成脱欧进程提出质疑,导致对特雷莎的政府进行不信任投票。社交媒体上的多极化群体现象的本质是对热议的社会事件的反应。

目前,中国的主要社交媒体有微信、QQ、微博、贴吧、抖音、快手、豆瓣、知乎、美拍和小红书等。

第二节 核心社交媒体传播

本节以当下发展比较热门的微博为主体来详细阐述其发展和传播方式等内容。

一、微博在中国的发展

在2005年末的时候,埃文·威廉姆斯他作为博客技术的主要创始和发展人和另一位大家杰克·多尔西共同合作推出了推特。在最开始的时候这一应用还没有现在的推特服务这么广泛和先进,最初的推特就像最简单的信息服务一样,只支持给自己的好友发送文字信息。

两年后的5月份,整个世界范围内和推特类型相似的产品已经发展到了有一百多个,但是在其中热度最高,关注最广的仍然是推特,当时它的主要竞争者有噗浪和芬兰的Jaiku。从这一阶段起,微博客的形式和特色化的服务逐渐诞生并发展开来,例如噗浪拥有时间轴,用户群体可以在上面观看整合了的视频和图片的一些分享的内容,其他的例如Identi、Pownce整合了微博客和档案信息分享事件、资讯和邀请的功能。

推特在国外发展得非常火热,国内的公司也看到了这一应用的发展前景,从而也开始加入这一类型产品的开发和设计中。企业家王兴最开始以校园网发家,在2006年的时候将企业卖给了千橡互动,然后在次年的5月建设了国内第一家和如今的微博有些类似的社交网络平台——饭否网,当时的腾讯QQ平台拥有4.1亿网络用户,采纳了当时的用户的一些需求,例如不限时、不限地点发布自己的状态的一些需求等,结合这些大众的需求,腾讯也做出了改变升级,在2007年3月的时候腾讯滔滔上线了。

2009年7月份的时候,饭否和滔滔停止了运营,继而一些崭新的同类型产品开始被人们广泛关注,像同年的6月份开始面向大众运营的Follow5,在饭否和滔滔正式关停的时候开放的9911,直到8月份微博应运而生,正式开张,孙楠在7月19日的时候于大连举办的演唱会在Follow5上亮相,这也是国内的第一次将现实中的演艺活动引入到微博,这一发展的形式和推特最开始的发展有一些相像。

2009年8月份的时候,我国的门户网站推出了"新浪微博"的内测版本,从此微博也正式进入了人们的视野之中。一经推出,不断发展,微博逐渐在年轻人和网民中受到大量欢迎,同时微博中的一些网络热词、所谓的"网络热门效应"也开始慢慢地形成了。

到2013年6月,我国的微博用户就已经达到了3.31亿,到2020年,微博的用户数量已经达到了5.23亿,有几乎97%以上的政府部门、100%的省级部门和一些地市级政府都在微博上开通了自己的官方网站,关于政务方面的账号开通数量也超过了24万。每一天经过发布和转发的信息超过2亿条。政务往往在大众群体看起来是距离自己比较遥远的,但是通过微博这一平台的建立,各个党政机关和部门可以通过官方账号和群众进行最直接、最简单的交流,这很好的拉近了政务机关和网民群体们的距离,也让人们更加地了解政务等相关方面的发展和信息,获得了大家的大量的好评。

二、微博的概念

微博就是在用户关系的基础上进行信息收集、获取和传播、分享的一个平台,通过关注机制来获取和分享简短的一些实时、有趣、科普等各种各样的信息的广播式的社交媒体网络平台,用户不仅可以在通过自己的手机,还可以在PC端、平板电脑等等终端设备上接入,范围比较的广泛,同时还可以发布文字、图片、视频等等多媒体的形式,进而实现了信息的即时共享和传播、互动。[①]

三、微博的特点

(一)便捷

微博就像是在虚拟的网络中给大家提供了一个蕴含各种各样信息的平台,用户可以在平台上搜寻和浏览自己所感兴趣的信息,也可以自己做信息的生产者和发布者,发布自己的实时动态,别的用户作为观众来浏览自己的信息。微博上发布的内容一般是比较简短的,带有自媒体的性质,用户在微博这一平台上不仅是信息的接收人还是信息的生产人和发布人即媒体人。在发展的过程中,用户群体也对字数限制这一问题不断提出了建议和需求,新浪微博也在

---

①何泓江.《社交媒体、大众文化和大众传播中的认知战》(节选)翻译实践报告[D].郑州:战略支援部队信息工程大学,2022.

不断地放宽字数的限制,到现在即便是很多字数需要编辑发布,也不会再有限制,可以选择编辑头条文章进而解决这一问题。

(二)快速

编辑头条文章既不受字数限制,而且发布信息的速度也非常得快,这样一来传播的速度自然也就很迅速了。有大数据平台作为支撑,用户可以看到自己发布出去的信息有多少人浏览和阅读。当粉丝数达到了一定数量,例如有500万粉丝,那么在自己的信息一发布下去,你发布的信息会在瞬间传给500万人。用户还可以在个人主页查看阅读量。

用户可以用手机、电脑来编辑自己的个人信息,通过更改这些可以更好地寻找拥有共同爱好的伙伴。微博还有着很强的即时通信功能,让用户可以根据自己的喜好或者标签来编辑带话题的微博。只要有网络,就可以用移动端来实时更新自己的微博内容。

微博用户在发生一些突发事件或者一些重大的事件时,他们就可以及时拍照、拍视频,然后发布到微博上面。微博拥有的实时性、现场感和快捷性已经超越了大部分的媒体。

(三)广泛

传统媒体拥有庞大的经济规模和组织结构,但缺乏与民众互动的草根性,而微博这样的草根媒体没有任何障碍,大多数人都能接触到,体现了其广泛性。微博上几种商业模式的并存为几个垂直细分市场提供了潜力。如果关注的用户很多,有足够的粉丝,就可以申请成为大V,获得微博认证。

（四）融合性

在融媒体平台上开设微博频道，将微博和传统媒体有效地结合起来，可以产生巨大的影响。微博上的信息有着极大的自主性、选择性和实时性，这让用户可以根据自己的兴趣和喜好、用户发布的内容类型和质量来决定是否关注某个用户，并可以对自己关注的用户进行分类。微博的影响力度与它的内容质量有关，有着灵活上限和下限，同时也取决于用户的关注者数量。因此，通过使用综合媒体平台进行微博传播，可以使微博与其他媒体联合起来形成强大的媒体力量，从而使微博的社会效益最大化。用户发布的信息越有吸引力和新闻价值，该用户就会产生更多的兴趣和参与，影响也就越大。

（五）原创性

微博可以自由的编辑内容发布，这使得普通民众与专业人员处于同一个水平线上，于是大量的原创内容有了爆炸性的增长，有创新、有内涵的内容不断被创作出来。在融合媒体平台的背景下，微博与平台上的内容之间的相互联系和资源共享，标志着自媒体被广大用户广泛采用。微博在融媒体平台上的出现，很难想象其传播速度的极限，使互联网上的社交媒体迈出了一大步。各个公众人物也都纷纷通过微博来树立形象，增加和粉丝之间的互动。而大多数的普通人也在这里找到了一个展示自己的舞台。2019年3月15日，新浪微博数据中心发布了《2018年微博用户发展报告》。新浪2018年第四季度财报显示，微博月度活跃用户达4.62亿，连续三年增长超过7000万。

四、微博的作用

(一)政民沟通

截至2017年年底,根据人民网舆情数据中心发布的《2017政务指数·微博影响力报告》显示,通过微博平台认证的政务微博账号已经达到了173569个。这里面,隶属于政府机构官方的微博有134827个,公务员的微博38742个。政务微博逐渐向着矩阵化、专业化、垂直化的方向发展,并且规模也在逐年稳定增长。

(二)公益参与

新浪微博公益成立于2012年,是国内具有传播和募捐功能的社会化公益平台,2016年9月1日,微博公益成为民政部设立的首批专门为慈善机构募捐的网络信息平台之一。连接了众多的名人、名家。通过连接的这些名人、企业家等,微博构建了一个公益传播体系。

在融媒体平台上,微博连接着党和政府的信息,可以快速传达人们对党和政府的意见和关注,这也是融媒体发展的一大动力。

(三)推动公共事件发展

微博的影响已经扩散到社会、政治、经济、文化等各个领域,公众越来越多地通过微博来发布信息,以更加理性和成熟的方式参与公共事件。很多公共事件都是通过微博广泛传播的,例如微博快跑、微博直播、微博客等方式。

(四)辟谣与信息公开

新浪微博联合公安部推出"全国辟谣平台",并加入北京市联合网站谣言信息平台,探索警民合作和网络举报的新机制。该平台以全国网警的189个官方微博和各地公安局的"平安"系列微博为主体,是国内首个针对全网的谣言、舆论和举报的平台,为接受网友在微博上对网络谣言的举报开辟了便捷通道,更有职能部门提供网络谣言的辟谣,支持科普工作者的工作,将成为首个为广大网民获取澄清谣言、提供支持和服务的全网性谣言举报和信息运营平台。

(五)推动社会文化繁荣

当下,许多地区的政府与行政部门都在重视加强微博的内容建设,利用微博平台对科学理论进行宣传、倡导文明风气、鼓励学习先进文化,为网络文化的繁荣和文明的发展作出了一份贡献。

五、微博创建

创建一个微博账号非常简单,利用手机或者电脑下载微博推出的官方软件,用手机号或者邮箱进行账号注册与登录。在2011年12月,《北京市微博客发展管理若干规定》推出,提出了"后台实名,前台自愿的"基础原则。也就是说,用户在注册微博时需要使用真实的身份信息,但是注册成功后的微博昵称可以自行选择。

六、微博认证

名人认证:为了保障名人的权益,新浪微博推出名人认证系统。名人认证的标志是在认证用户的名字后添加一个金色的"V"的标志。认证对象主要是各行业的明星、企业高管和重要的新闻当事人等。

网站认证:有独立域名和合法资质的网站官方账号认证。要求微博昵称和头像与网站名称、LOGO一致,企业官网不在认证范围内。

媒体认证:微博使用实名,被公众熟知且主体为法定媒体机构的账号可以申请媒体认证。

高校认证:微博使用实名,被公众熟知且主体为高校的账号可以申请高校认证。

企业认证:为了使企业更容易在微博上进行宣传,需要经过企业认证。与名人认证一样,一旦企业获得认证,用户名上就会加上一个"V"。个人网站、粉丝团和自发的民间团体不能被认证。

身份通认证:身份通于2011年10月1日在新浪微博上推出。用户对身份通表示欢迎,认为这是一个保护他们个人信息的应用程序,并积极向他们的关注者和朋友推荐,每天有数万名用户申请身份通徽章。身份通认证对个人用户是免费的。新浪微博用户身份通认证和勋章馆"身份通勋章"的正式启用,是新浪微博诚信体系建设的重要一步。

微博达人:微博达人是普通用户之间的明星,也是微博当中最活跃的那一份子。成为微博达人之后就会拥有专属的身份标识和炫酷的微博达人勋章,在同城范围里面可以结识到更多有着相同兴趣的朋友,通过自己的技能收获更多的粉丝,并且还能够享受微博线上线下的各种达人活动带来的生活便利和优惠。

七、融媒体平台上的微博及应用

通过连接微博客户端和融媒体平台,用户可以在融媒体平台上编辑视频、图片和文字,并一键发送到微博平台上。融媒体平台提供为门户网站、应用程序、微信和微博量身定制的内容编辑器,使用户能够整合和组织新的媒体内容。融媒体平台支持向多个设备共享和推送资源,可以直接向特定的新媒体栏目、App、微信和微博发布内容。

八、微博矩阵

多个微博账户可以被添加到融媒体平台上,以接收来自微博的推送信息。微博社区规模庞大,在发布信息时需要对其进行分类,以实现智能化和针对性的传播。在融媒体平台上创建微博矩阵,为了向不同的受众群体发布不同的信息,需要对庞大的微博社区进行分类,实现单对单的推送、小群体的推送、群发信息以及全面发布信息等。

微博矩阵的建立具有重要的现实意义。首先,它可以为平台管理者提供一个便捷的管理窗口,平台管理者可以通过矩阵监测微博动态,通过大数据云分析微博的舆情。其次,可以方便地对微博社区进行管理,保持微博活跃或删除停止更新的微博,并对党政官方微博、公司官方微博、个人党政微博和大V等进行分类。最后,它可以为微博客户端提供一个及时的资源共享平台。该平台能够及时提取有价值的微博信息,也能为微博发布者提供有价值的信息。

九、微博在融媒体平台上的作用

(一)推动政务信息公开

建立透明开放的现代行政管理制度,是保障公众知情权、参与权和监督权的需要,也是实施公共依法治理战略、推进依法治理的客观要求。互联网为公民讨论政治和社会问题创造了公共空间,微博为公众监督公共事务、表达意见、形成舆论提供了新的平台。并且,利用微博对政务信息进行公开透明化执行,已经成为各级政府和行政部门公开信息的一种十分时髦的手段,最近几年,直播的兴起使得政务在公开时更加及时、有效、生动。2011年3月19日,山东省莱阳市人民法院通过"公正莱阳"微博账号公开审理了一起买卖协议案,这是我国司法系统首次向社会公开整个庭审过程;2018年在微博平台上直播的庭审超过9万场。通过在微博上直播庭审,公众可以随时随地获取庭审内容,为司法公开提供了新的途径。除司法系统外,还有许多领域进行了微博直播,如学校的公开课、网上家长学校和心理医生的心理咨询直播。通过融媒体平台进行微博直播,有助于中国的县级融媒体中心平台更好地发展,以引导和服务群众。

政务微博是近年来兴起的一种宣传媒介,可以快速播报政府政策和信息,社会各界都非常关注。将微博引入融媒体平台,可以形成强大的群众传播力量,促进政府信息的传播。

(二)鼓励优质原创内容

县级融媒体平台在建设和运营微博账号的过程中,往往容易忘记内容本身,只流于形式。县级融媒体平台缺乏内容生产力,是用户流失、依附度下降的重要原因。因此,未来县级融媒体平台的发展应该强化"内容为王"的理念,在媒体从业人员的心目中,应该以用户的真实需求为导向,创作出具有强烈原创性和地方色彩并且对于用户有足够吸引力的内容。在报道方式和手段上,一些新的媒体视角,如直播、短视频等,将有助于区域媒体解决新闻报道和新闻内容同质化的问题。影响民众的民生和政府问题将成县级融媒体平台的出发点,以解决用户数量下降的问题。县级融媒体平台可以通过更生动的新闻内容和更丰富的媒体来提高在本地区的影响力。

(三)巩固阵地、引导舆论

县级融媒体平台建设作为国家媒体融合战略的重要组成部分,其重要性怎么强调都不为过。与中央、省、市级媒体融合平台的发展相比,县级媒体融合平台的发展起步较晚,底子薄,但微博的影响力已经很突出,还拥有很大的发展前景,微博在平台中的作用也很重要。县级媒体融合平台可以通过微博来巩固和加强主流思想舆论,为社会主义意识形态建设创造良好的舆论环境。众所周知,舆论是影响社会发展的重要力量之一,新闻工作和舆论工作都处于意识形态斗争的最前沿。县级融媒体平台作为党和国家传播力建设的"最后一公里",应遵循正确的舆论导向,做好党的舆论宣传工作。

(四)保障信息权威性

微博的主要目标是满足用户需求,发挥用户价值,是作为用户导向的开放性新媒体平台,特点是用户的流量大、内容丰富每天更新、热点新闻层出不穷、资源多,在传播信息时方便快捷、能够及时发布、覆盖面非常广泛,并且可以用文字、视频、图片、音频和故事等方式进行创作,网友们对此乐在其中,更容易接受信息。同时,微博也是一个信息传播最为迅速的舆论场,县级融媒体在建设平台的过程中要坚守住这个阵地。在这个"后真相时代",一部分自媒体为了赚取流量,往往歪曲事实捏造出种种博人眼球的标题,内容也大都胡编乱造、断章取义,用一些非常情绪化、立场化的观点或者诋毁他人等等来赚取流量,这就导致了许多的虚假信息遍布网络,对于网络的舆论环境发展和媒体传播生态有着严重的影响。微博也受到这些营销号的青睐而常有些虚假新闻,这对于营造一个优良的网络环境是极为不利的,需要用法律武器来维护和保障网络生态的健康发展。

(五)服务群众

县级融媒体平台需要打造一个融媒体矩阵,将广播、电视、平面媒体、互联网等的优势整合利用起来,全面充分的使其功能、手段和价值得到提升,能够更好地服务和引导人民群众,向着"资源通融、内容兼融、宣传互融、利益共融"的目标前进,努力将其实现。

十、微博与微信的区别

(一)平台属性不同

微信和微博的平台属性不同,微信的属性是打造一个社会化关系网络,更加追求深度,并且着重关注用户之间的互动体验;而微博是打造一个社会化的信息网络,比起深度更追求广度,追求用户对信息的接受。微博和微信不同的界面也反映了其不同的属性,微博的主界面是内容界面,是信息属性的;而微信的主界面是聊天界面,是关系属性的。

(二)用户关系不同

微信和微博的本质不同,用户之间的关系也不一样,微信的本质是社交,一切都是为了更好地交流而打造,用户之间的关系是点对点的对等强关系;微博的本质是媒体,是为了更好地浏览、传播信息,用户之间的关系是点对面的非对等的弱关系。

(三)二者用途不同

微信与微博的功能定位也不同,微信一般都是用来和亲朋好友或者工作上的伙伴交流沟通的,除了文字消息还可以发送图片、文件等,进行语音、视频通话,在日常的生活工作中更加适用;而微博主要是用来进行偶像与粉丝之间的关注与交流的,同时也可以用微博来关注时事新闻和热点话题,更偏向于娱乐性的功能。

(四)精准性不同

精准性不同,这是微信和微博两个平台之间最大的区别。微博用户发布一条微博,然后关注过的粉丝就可以直接在自己的主页看见更新,但是粉丝太多,微博就会进行限流,用户发布的微博只会随机地出现在某个粉丝的主页上,要想看见最新更新就需要时时点进关注博主的主页查看。但微信不一样,微信公众号上面群发的一条消息,可以精准的推送到每一个关注的粉丝,所有的粉丝都可以在自己的消息栏看见这条消息。

(五)对话关系不同

微信用户之间的交流是一种对话关系,好友之间要通过微信交流是需要先加上好友,构成一种平等的对话关系;微博用户之间的交流则不需要添加好友,可以直接聊天,同时交流双方也不是对等的,是一种一对多,多向度错落的关系。

(六)交友形式不同

微信是在一个非常私密的范围里面和一个或者多个亲友进行聊天,是一种封闭的环境;而微博则是一种开放且扩散的传播。这两者一个是对内、对亲友的,一个是对外、对陌生人的;一个注重隐私,一个是公开交际;一个是更关注交流本身,一个是关注信息的传播。

(七)聊天形式不同

微信的社交方式主要是双方同时在线进行交流;微博则是有时差的信息浏览,用户发布一条微博之后可以和粉丝进行互动,但其中的时间是不同步的,粉丝只会在闲暇时打开手机刷新查看关注对象发布的消息。这种同时和差时的聊天方式同时就是微博和微信的功能与内容上的区别。

第三节 衍生社交媒体传播

一、招聘类媒体的含义

社交网络招聘(又称新媒体招聘、社会化招聘)在企业招聘中已应用得非常普遍,但目前在高校人才招聘中还应用得比较少。随着高等教育的发展和当前日趋激烈的全方位竞争,各高校越来越重视人才在学校建设中的特殊作用,纷纷将人才引进摆在关乎学校发展全局的战略性高度。在80后、90后成为人才争夺的主要对象的今天,用人单位越来越重视运用社交网络平台提升人才招聘宣传力度提高人才招聘效率、提升人才招聘匹配度,成熟的人才招聘模式最终形成。社交网络招聘的形式有两种,一种是利用社交网络平台本身提供的招聘服务,例如国外的LinkedIn提供的社交招聘服务,国内的职业社交网站通常也以提供招聘服务为主。①

另一种是通过社交网络平台的开放 API 开发招聘类应用,例如玄德招聘、Bran-chout、Bullhorn Reach,以及新浪微博上的"周伯通招聘"等。

二、招聘类媒体的特点

(一)速度快,范围广

社交网络招聘通过互联网发布信息,具有传播速度快、范围广的特点。社交网络招聘的优势在于,在会员活跃度较高的社交网站上,企业对于某个人才的了解不再局限于"简历"的层面,有的企业甚至把它作为一个广告平台,吸引更多的应聘者。同时应聘人员展示的"人脉圈",也是一个人的职业经历和自身能力的良好佐证。

(二)互动性强,双方共赢

互动性是互联网的特性,应聘者和企业通过招聘平台进行互动、了解对方,对双方来说都是有利的。国外的相关调查表明,45%的雇主和猎头会通过社交网站观察求职者,社交平台透露的求职者信息会给雇主和猎头留下深刻印象,这将直接对求职结果产生影响。

(三)信息匹配度高,可信度高

应聘者与企业通过互联网互动交流:企业通过互联网展示自身的形象,应聘者通过招聘平台晒出自己的工作成绩。这就增加了可信度,因此匹配成功率较高。相对于传

---

①吴彦臻.社交媒体的"书写"—艺术面向公众的网络现场[D].西安:西安美术学院,2022.

统的简历式招聘,这种方式通过人际网络实现供求双方的对接,成功率更高。

(四)招聘成本低,专业性强

人才市场已经逐渐从线下走到了线上,这就为企业和用工单位节省了大量的人力、物力和财力。招聘平台上的应聘者和招聘方之间是通过互联网进行沟通的,这样就为双方节省了时间和费用。未来职业社交网站将成为招揽人才的重要渠道,尤其在招聘会计、销售、IT等专业人士时将发挥巨大作用。

(五)便于形象宣传

用工单位或者个人可以通过招聘平台展示自己的风采。基于互联网的转发迅速、信息流动量巨大的特点,通过社交网络招聘也是有利于企业自身的一次广告行为。在县级融媒体平台设置招聘类媒体模块,利用融媒体平台的公信力和影响力,为当地经济发展招揽人才,其传播力度是显而易见的。

三.融媒体平台上招聘类媒体的应用

在融媒体平台上的招聘类媒体窗口中,可以根据内容,在线实时制作和编辑人才招聘消息,并在平台上实现全网同时发布,这提高了人才招聘和人力资源管理的效率。招聘类媒体与新媒体党政服务模块等融合在融媒体平台上,将会汇集更多的用工信息,为更多的高等院校毕业生、待岗人员提供就业信息,让求职者精准找到自己理想的工作,让用工单位找到适合岗位的高素质人才。

四、招聘类媒体的发布

招聘类媒体通过融媒体平台收集、制作、发布用工信息，求职者通过融媒体平台上传自己的个人信息，这些信息将进入平台的大数据中心。平台会及时对求职者的个人信息进行分析和比对，将其快速配发到相应用人单位的信息库中。如果有求职者咨询，平台也可以快速便捷回复或为其推送用工信息。

五、QQ 的应用

（一）QQ 的概念

QQ 是腾讯公司开发的一款基于互联网的即时通信软件。目前 QQ 已经覆盖 Microsoft Windows、OSX、Android、iOS 等主流系统，其标志是一只戴着红色围巾的小企鹅。QQ 作为一个社交平台，其用户量一直位居前茅。它是一对一的精准互动工具，对用户来说是一个便捷、实用的社交平台。

（二）QQ 的应用

QQ 支持在线聊天、视频聊天、语音聊天、点对点断点续传文件及共享文件、自定义面板、远程控制、传送离线文件等多种功能，可被多种通信终端使用。QQ 营销也是互联网营销的一种模式，有巨大的市场空间，由于是点对点的营销模式，成功率较高，因此它也是企业产品营销的重要手段之一。

（三）在融媒体平台上建立 QQ 模块

融媒体平台上的 QQ 模块，主要服务于平台上的用户。由于 QQ 用户数量巨大，其影响力不可小觑，因此各融媒体平台往往同等对待QQ模块建设与新媒体模块建设,把QQ与微信、微博汇集在融媒体模块上,形成一个信息资源共享发布及时、受众群体广泛的平台。QQ用户可以通过QQ在线QQ邮箱等形式进行社交活动,传输相关资料。目前,一般用户通过QQ邮箱传输的文件大小被限制在3G以内。

(四)形式多样

QQ最大的特点就是传输形式具有多样性,这是用户喜欢使用QQ的原因之一。它不仅传输形式多样而且具有稳定、可靠、方便等特点,深受白领阶层的喜爱。QQ在移动端的应用,使得QQ用户倍增,凸显了其便利性。QQ的功能多样性体现在手机聊天、点对点断点续传文件、传送离线文件、共享文件、发送贺卡、储存文件等功能上。QQ不仅仅是简单的即时通信软件,它还与全国多家移动通信公司合作,实现了GSM移动电话的短消息互联,是国内最为流行、功能最强的即时通信软件之一。QQ状态分为忙碌、请勿打扰、离开、隐身、在线、Q我吧等,用户还可以自己编辑QQ状态。

六、H5制作

(一)概念

H5是超文本标记语言第五版(HTMLv5)的简写。HTML文本是由HTML命令组成的描述性文本,以说明文字、图形、动画、声音、表格、链接等形式展现。HTML的结构包括头部(Head)、主体(Body)两大部分。头部描述浏览器所需的信息,主体包含所要说明的具体内容。

(二)H5制作

H5可通过移动端来制作,具有多彩性交互性强、个性化等特点。

1. 多彩性

版面是基础,在进行H5制作时要先确定版面的布局框架,再考虑配色、字体等,力求体现版面的多彩性。优秀的版面设计,不仅在视觉上能起到正确引导用户的作用,而且也能明确信息主次,实现有效信息的最优传播。

2. 交互性

交互性是移动端H5设计中不可忽视的因素,好的版面分割可以增强引导性、强化点击冲动,在视觉上辅助交互应用。常见的版面类型包括圆形版面、三角形版面、直线型版面、斜线型版面。

3. 个性化

制作H5文件时,可以通过不同的个性设计风格对不同版面存在的不足进行弥补,根据内容的不同,清晰地进行版面分割。居中的版式和文案,能给人以专业、高端之感,适合高端消费领域的品牌。

第五章 融媒体时代新闻传播机制创新发展

融媒体的传播优势突出体现在:能够实现内容的快速聚合,传播渠道上实现多媒体传播、微传播,在传播状态上由传统媒体的一对多变为多对多,从而能够实现个性化信息的传播,同时能够消除传统媒体的线性传播方式,明显增强了受众的参与性和互动性。

第一节 融媒体时代的新闻传播

一、科学传播受众

科学传播受众,即科学信息的接收者。发展到现代的科学传播系统,科学传播主体的主动性大幅度增强,成就了传播者和传播受众的相互交流。特别是跨进了新媒体时代,大众都转换了被动的信息接收者角色,成为积极的"传播过程参与者",不再是传统意义上被动的受众。融媒体的发展为受众直接参与科学传播提供了新渠道。通过各种终端的应用,科学传播由传统的"垂直灌输"变为"跨界沟通"。以互联网的数据采集和分析技术作为支持,使得跨界鸿沟变为了零距离。在虚拟的环境下,权威专家和普通大众也可以随意进行互动、交流想法。比如科学博客的博主,既为信息的传播者,也是信息的接收者。他们可以随时随地可以在微博上发布自己的科学看法,同时也能够和粉丝受众进行互动交流。[1]

二、科学传播渠道

科学传播渠道就是一条纽带,是指科学传播媒体。在科学传播过程之中,一头是信源,一头是信宿。常见的科学传播媒体包含报纸、书籍、杂志、广播、电视、电影、录像等,同时也包括学术讨论会、访问交流等形式,以及图书馆、科技馆、展览馆、博物馆等场所。传播的表现方式主要有图片、文字、视频、讲授、实物等。媒体在科学信息和传播受众之间是知识传播的形象。除此之外,也有对反思、疑问、求证、解析这些从简单到复杂的科学精神、方法、思维的传播。传播内容、传播类型、传播者、接收者等因素会制约传播渠道的选择。广播、电视、报纸、杂志或互联网等大众媒体适合一般的信息推广;专家学者之间进行交流或者讨论一般都是学术研讨会、访问交流的形式或借助中介机构的服务;某些技巧性高、难以编码的知识一般会采用直接面授的传播方式;而那些易于用语言、图像表达的知识则可借助传播媒体。

三、融媒体时代科学传播机制

"机制"一词最早用来说明机器的结构和工作原理,后被生物学以及医学领域引用,用来解释生物功能的内在运

---

[1] 肖灿. 融媒时代的新闻传播途径研究[M]. 长春:吉林人民出版社,2019.

作方式。从哲学上说,机制是指相关事物的结构、组成因素之间的相互关系,在事物发展过程中发生的各种改变的运作原理和相互关系。"揭示了事物的运行的机制代表着对一个事物的认识从现象开始进行阐述到对其本质的理解。"所以,研究科学传播机制对于达到科学传播目的是十分必要的。

(一)内部动力机制

1.信息选择机制

"为发展科学、技术和生产所必需的信息量在急剧增加,信息整理和掌握是越来越复杂和消耗大量劳动的任务"。面对巨量的信息,不管是传播供体还是传播受众都要有所选择。融媒体时代,选择信息就代表着首先要对初始信息有一个大概的判断,然后对选择的信息进行二次筛选、加工,提取所需要的信息,同时也包括优化、控制知识,创新信息流量、流向、传播方式。

面对复杂的信息世界,每个人选择信息的根据都是来自自身的知识结构、兴趣偏好、价值观念以及生活经验,从而排斥那些与个性不相符的信息。所以,每个人在得到信息时,就会选择接受或者排斥。信息选择有一种选择性的意味包含在里面,即对信息的接触、理解和记忆。信息的选择性接触指的是选择自己比较感兴趣的信息,这是一种本能的选择。费希特说过,你是什么样的人就会选择什么样的哲学。事实上你选择什么样的信息也是由你是什么人所决定的。相比较与自己价值观不符合的信息,人们更倾向选择与自己观念相同的信息。选择性理解是人根据自己的知识架构和生活经验对接收的信息做出个性的解释。同样的信息对于不同人来说有着不同的解读,也就是说,人们对于如何理解信息有着主动权。对于信息的选择性记忆是指人会把对自己有用的信息从大量的信息中提炼出来并进行记忆储存。一般来讲,人们会记住某种信息不意味着这类型就是自己的兴趣所在,但是它能投其所好。因此,在对信息的选择方面,人作为个体本身的各种特性导致选择的随机性很大。

2.系统自组织机制

最早提出"自组织"概念的人是普利高津。自组织是指系统不受外部环境干涉、不需要外部环境指令而自行组织、自主从无序走向有序的过程。自组织本质上表示系统的运动是自发的、不受特定外来的干预进行的,其自发运动是以系统内部的矛盾为根据、以系统的环境为条件的内外交叉作业的结果。

随着时间的流逝,系统的内部状态的无序性也在慢慢地减少,有序性却在不断地增加。自组织的形成和运转也需要相应的前提条件、动力和渠道。

自组织传播首先需要一个开放的系统。信息的交换不断地发生在科学传播系统的内部和外部环境之间。这里的开放需要达到一定的界限,这个界限指的就是外部环境对内部的信息输入,只有达到这个界限,系统的自组织才能顺利进行。当外部环境的信息量输入达不到这个界限,系统就无法正常进行自组织。融媒体时代,科学传播系统的开放度更大。一方面,媒体融合使得科研交流、学术讨论突破了阻碍,科学传播变得更加大众化;另一方面,大众可以利用各种网络平台来进行科学传播和信息交流,这样一来,在非特定的情况下,巨量信息利用媒体的融合不断地进行着系统内外的信息输入和输出。

2014年7月,"赛先生"这个公众号在微信出现,它最初是由三位知名的科学家饶毅、鲁白和谢宇做主编,口号为"与科学同行"的程序。在做这件事的时候"赛先生"并不知道这件事能带来多大的影响,只是期望通过微信公众号,探索互联网传播的新形态,提供专业的科学普及类资讯。但是,经过大量微信使用个体进行讨论、再传播,不断衍生出新的信息形态,短短5个月就吸引了大约50万粉丝,其影响远远超过了"赛先生"的想象。

最后自组织需要的是系统的"涨落",涨落的结果是带来有序组织。不管是在系统的内部还是外部,一个非定向的小改变,都会随着系统内部各个要素的非线性作用关系而变大,这样就导致整体的涨落,系统就会不稳定。

作为一个复杂的综合性系统,能够引起科学传播系统"涨落"的因素也是形形色色的。一方面是系统的内部因素不断发生变化而导致的涨落。例如:在科学传播的系统中,因为传播供体的知识水平提高了,科学信息量加大了等等,都会导致科学传播结构与资源配置之间有所变化。另一方面是系统外部因素的变化性而带来的"涨落"。例如:政府对于网络虚假信息传播制定了一系列有关法律法规条例,就会改变科学传播信息的现状。这种涨落并不是计划好何时发生,而是随机产生的。它可以对系统内各个要素间的相互关系产生影响,然后利用非线性特点来加速系统自组织的完成。

3.弱联系传播动力机制

在《弱纽带的强度》一文中,美国的社会学家马克·格兰诺维特教授最早提及了"弱联系"一词。他通过调查发现,职场新人想要得到就职信息或者是工作岗位的话,一般情况下并不是靠好朋友或者亲戚,而是通过一般朋友所获得的。A与B若是有共同的好友C,那么他们潜在认识的概率就会比较高,这种隐性的关系就叫作弱联系。

在科学传播活动中,弱联系的存在方式主要有两种:一种就是前面所说的例子,有共同关注的对象,即双方没有直接的关系;另一种就是一方单方面地对另一方的关注。在以互联网作为平台进行科学传播的情况下,我们获取信息多来自第一种弱联系。比如A和B之间没有联系,但是共同关注了C。倘若A(B)发布了一则消息,通过C的转发,就会传到B(A)处。另一种弱联系主要存在于权威和普通受众之间,一般这两者之间相互关注率低,互动少,两者之间的联系更多地体现在信息的传递方面。融媒体时代,在信息碎片化、阅读无障碍化的现状下,弱联系是主要的传播动力。

(二)外部动力机制

科学传播的外部机制就是指整个科学传播系统和外部环境系统以及每一个组成部分的相互关联性一起构建的机制。科学传播的外部机制会因为不同因素的影响和改变而表现出不同的形式。科学传播活动在发生的整个过程中,外部机制都在起着一定的作用。丢弃外部机制的运行,科学传播活动就会无法正常运行。

1.时空机制

时空机制在科学传播方面主要体现在科学传播活动发

生时间的早晚,传播速度的快慢,传播范围的大小。这些情况,不仅仅是和科学内部的各个部分相互关联,也和科学传播外部环境相关。在融媒体时代,各种媒介的使用打破了时间与空间的限制,建立了一个超时空网络社会。人们打电话,不论远近;发 e-mail,不惧路途遥远。数字化信息社会最大的特质就是打破时间和空间的"鸿沟",不仅如此,还可以把"鸿沟"附带的摩擦系数一点点地降低直到降为零。这就是我们所说的"非摩擦经济""零距离"等。科学传播过程中,时空机制的发展状况不仅是看系统内部的各部分发展情况,也要考虑媒体融合的发展情况及程度。

2.目标机制

科学传播是一个向一定目标努力的、独立的系统。这里一定的目标指的是人们在举办每一次科学传播活动的时候所期望达到的效果。可以说,这是科学传播本身所包含的,也是展开传播这一行为的传播供体作为期望值来自觉确立的。尽管在平时看来,这个目标是隐形的,但是科学传播活动的过程却环绕这个目标而进行。

在媒体融合后,科学传播系统的目标因为多元化的传播供体和传播过程的交互化变得更加复杂。科学传播目的具有以下特点:

第一,多向性。在社会这个大系统内存在着各种各样的社会群体,同时也存在不同程度被社会化的主体。作为科学传播供体的人,其社会生活、受教育程度、社会身份也各不相同。他们选择科学传播活动的目的会由自身的背景和学术视野来决定。自然科学学者、社会科学学者的科学传播目标也是不一样的。

第二,级次性。科学传播供体既可以是团体也可以是个人。作为媒介之一的互联网在科学传播供体方面也进行了一定的限制,对于传播供体,它在技术、设备、成本和文化水平上都有一定的要求。所以说,综合各方面的因素和每个个体的独立意识,每个传播供体所期望达到的目标也就大不相同。

3.功能机制

作为独立的、开放的科学传播系统,同时又是社会系统中的一个分系统。融媒体时代科学传播系统交互性和共享性的特点注定了会与社会其他子系统的摩擦、协调,并且利用媒体这个平台,融汇在社会这个大系统中来发挥自己特有的功效。

外部机制主要的功能作用就是调节功能,指的是有着相同性质的各个要素之间相互作用、补充。教育系统和科学传播系统的相互配合就是最好的例子。科学传播活动的开展要借助教育形式,教育系统的完善需要借助科学传播活动的开展。科学传播系统与社会其他系统也存在外部机制,只是形式不同。

(三)系统反馈调节机制

1.效果反馈机制

实现协调与控制的手段就是反馈。维纳说:"随意活动中的一个极端重要的因素就是控制工程师们所谓的反馈作用。"且不管是什么系统,只要是有目的的行为我们都应该把其看成是需要反馈的行为。

系统通过反馈就可以不断地把内部信息和外部环境通过交换,用来淬炼、吸收信息,并且调节系统内部各要素的关系。随着环境的变化来调整自身同外部环境的关系,这样就会令系统内部各部分之间的关系也随之不断地进行自我调整。科学传播系统利用反馈机制既可以保持静态平衡,这是发生在系统内部的,也能够维持动态关系,这是发生在内部与外部之间的关系。反馈路线是否保持畅通直接影响到传播效果、科学传播机制的正常运行,同时也会对科学供体产生无法忽视的影响。

一方面,从宏观上来讲,反馈系统若是被"堵死",影响的不只是政策的制定,还关系到国家政策执行的进展是否顺利,科技成果是否能够转化成生产力。另一方面,从微观上来讲,如果科学传播内容专业性太强,可阅读性低,就会直接对受众产生阅读阻碍,受众需要得不到满足,就会敬而远之。在这一关节点上,要是传播供体依旧不能跟上调整的步伐,那么传播活动就无法达到预期的效果,跟不上时代前进的速度。

2.改善调节机制

媒介的无门槛使用,使得参与科学传播活动的广泛度不断增加。扮演科学传播供体角色的人各种各样,如政府、科学共同体、科协组织,乃至个体科学爱好者。因此,不同科学传播供体在整个科学传播活动中,面对着各类各样繁多的信息发挥着不同层次的调节功能。

第一,无论何时何地,科学传播活动必须和国家的前进方向是一致的。融媒体环境下的科学传播,媒体传播的信息应该是正面的、积极的,不危害国家和人民的利益。在各个方面我们都绝对要端正态度,稍有差错,就应该及时地对传播活动进行调节。尤其是在一些歪理邪说、有组织地传播伪科学、假科学等严重影响国家秩序、危害人们生活的时候,法律法规作为行政手段就要发挥调节作用。

第二,把国家和人们的利益作为一切行动的出发点,这也是社会主要科学团体在进行调节时所要遵守的。2011年日本大地震,核电站受损,辐射谣言纷飞——碘盐可以预防核辐射,有关流言蜚语借助互联网迅速传播,至此抢盐大战正式上演。中国科学技术协会呼吁全国上下的科学工作者,一起努力用专业的科学知识和科学理念来帮助大众理解事情的真相。只有树立正确的科学意识,端正对科学的态度才能使科学传播的信息更加准确。

第三,个人传播供体受众自身的调节。一旦传播供体发现自己的传播活动没有达到自己期望的目标,或者自己所传播的信息不被大众接受、理解,他们就应该去调整,通过更换信息甚至改变传播形式来达成目标。这一点传播受众也是一样的,当传播受众所关注的传播供体所提供的消息不符合自己的价值观,无法理解的话,他们就会放弃对传播供体的关注转而寻求其他科学供体。

四、融媒体时代健全我国科学传播机制的建议

(一)促进传统媒体与新媒体的融合

我国的媒体融合处在发展初级时期,现阶段来说,融媒体只是把各个不同媒体拼接了起来,并没有实现真正的融合。融媒体一方面为了帮助传统媒体的持续发展而做出努力,另一方面是出于社会责任,加强舆论引导的需求。科技发展的速度令人咂舌,媒体融合趋势浪潮一浪高过一浪。它要求不同媒体之间的合作、整体运行,并尝试运用多渠道

的方式来传播,加大传播外延,达到科学传播的目的。要达到这个目标的话,并不是简简单单地把科学信息放上网络而已。

1. 内容融合

融媒体注重内容融合,单一的表现方式是传统媒体的一块短板。除此之外,传统媒体进行科学传播时对于内容都是"按稿发布",出现了受众阅读理解难度变大,交流为零的情况。新技术把传统媒体作为基石,利用数字媒体来进行科学传播活动,改变了传统媒体单一的传播方式,把视、听、说融为一体,同时利用网络平台的传输特点,缩短了时间空间,把平面传播变成了立体传播。

发布时间的随意性使新媒体占据了新闻发布最大的优势。用网络发布新闻几乎一瞬间在世界各地都可以被阅读。而传统新闻,比如报纸则需要编辑内容、排版、印刷后才能流向市场,新闻成了旧闻。这对传统媒体来说更加恶化了其生存环境。

关于这一方面,《光明日报》的做法是一个好的典范。在活动前,放出活动的预告并向大众征集问题。活动中,使用互联网平台、公众号等和网友时时交流。活动结束后,精心制作、编辑内容进行深度报道。一周之后,报刊进行详细演说实录和剪辑的花絮。这是媒体融合的范例,不仅体现出媒体价值,也扩大了社会的影响。

2. 人员融合

相比新媒体,传统媒体无论是在传播方式、传播渠道、制作模式和信息接收终端上都大不相同,这也就对内容生产人员提出了要求。媒体人员不仅要熟练掌握新媒介的使用方法,同时还要了解新旧媒体的特点,掌握传播动向,这样才能实现信息的最优传播。另外,传统媒体和新媒体的工作者也不要固步自封,要加强合作交流。传统媒体人应该改变旧观念,学习、掌握并运用新技术。新媒体人要提升自己的媒介素养。

3.传播渠道融合

优质的内容是媒体的制胜法宝。但是面对铺天盖地、扑面而来的信息,我们要把重点放在怎样把内容快速传播到受众,以及怎样使受众有良好的用户体验上去。我们应该把受众中心化,根据受众的需求不断开拓新的平台,来实现传播覆盖的最大化,增加其传播力、影响力。根据事件的不同性质,应该使用相应的报道方式为不同的传播平台提供信息,"融媒体中心作为技术支持平台及内容整合平台,将原素材加工成不同的形态,以适应不同传播平台的特点"。传播渠道的开发既能够增大传播范围,也能够在竞争的市场经济环境下来扩大外延,赢取资金,以此支撑媒体更加深层次的发展。

新媒体极速传播的特点是它在传播过程中占有一席之地的重要支撑。这种特点可以使受众第一时间全面了解信息内容。通过融媒体的技术手段,可以整合多种媒体形式。可以说,科学传播的类别约等于科学系列的专题类别。与此同时,也要加强与公众之间的互动,想办法提高他们的积极性和参与性,并制作出大批形式多样,内容丰富的媒体产品进行科学传播。

(二)增强系统的自组织能力

1.激发科学供体进行科学传播的热情

传统的科学传播方式为直线型,被动式,自上而下,缺乏主动积极性,无法满足各种阶层的科学信息需要。而网络中的等级头衔制和积分制建立了科学传播的自组织动力,如一些知识问答平台(百度问答、新浪爱问)、论坛、App等,设有等级头衔或者积分制,这是对用户的直接激励。以百度问答为例,回答的问题越多,得到越多人的支持、点赞,用户的等级头衔就会越高,获取的服务也会越来越多。这样虚拟的荣誉是一种认证,它认证了网络环境中传播供体在科学传播领域的意见领袖。科学家、科学团体、学者等权威人士,或者自愿参加科学传播活动的普通用户会为了保持领袖地位积极参与内容建设。与此同时,对自己的要求也会严格,谨慎地发布帖子,这就是成为科学供体的互动和自组织机制的动力来源之一。积分和等级制度很好地激励了科学传播供体的热情,这种制度应该不断被多样化,以吸引更多的用户自发地进行科学传播。

2.提高传播受众的积极性

在融媒体环境下,公众学习和获取知识的主动性、自主性不断增强。在科学传播领域,受众以自身兴趣和需要作为出发点,实现自组织机制的运转。最常见的是通过搜索引擎,公众可以随时查询自己所需要的科学信息,完成自主学习。科学传播以网络为依托,中心点是科学传播的科学共同体。一些民间组织,如科学松鼠会、果壳等非科学团体为代表的多元化科学传播主体,通过网站、微博、微信、App等多种传播平台进行全方位多层次传播。随着有线、Wi-Fi

使用的不断普及,受众通过各种终端的使用就能获取科学信息。所以,应完善搜索引擎,建立全国无线网络,尽力为用户提供完善的使用环境。

3.实现管理系统的自组织

要实现管理系统的自组织首先要进行自主管理,在组织内部创造一种氛围,那就是组织是一个可以灵活变动、随意组合的组织,这样无论是团队还是个人,在一定的规则下,都会不断朝目标前进。要创建平台,作为自组织化的基底和支撑。平台的形式是多样化的,包括共享的资源平台、共同遵守的规则(制度)平台。这里需要注意的是,规则平台是自组织能够成立和运转的前提与保障。

自组织的特点从融媒体诞生之日就已经具备,发展到今天,自组织的属性更加明显。因此,应该充分尊重与激发自组织机制下的自治。监管者的职责是自组织环境要素的一部分,应该给予其更多的能量输入。前面我们说,自组织是需要条件的,只有满足多种条件,自组织才能从无序发展到有序,管理者也要通过不断地对自组织的规律和机制进行研究,并根据组织的实际情况来调整更加适合的管理方法。

(三)加大对于科学传播内容的"把关"力度

1.建立科学的评估制度

建立健全科学传播内容的评估制度对于"把关者"缺乏,以及科学传播内容鱼龙混杂、良莠不齐的情况是很有必要的。建立健全科学传播内容评估体系也是必不可少的。评估体系可以具体地分为两种:一是科学共同体等权威人员把关,另一种是通过公众达到把关目的。

第一种模式在专业的评估体系中,建立起由科学家、科学共同体组成的评审团。评审团成员可以对投稿文章评分,然后读者根据专家评分来决定对该信息接收与否。通过这种方式,受众可以尽可能保证自己阅读的科学信息真实可信,使自己得到相对准确的科学信息。这一评估体系,在科学松鼠会网站上有所体现,发表的文章都必须经过核心成员的审核,只有核心成员认为其文章达到网站要求才能通过审核,这么做也最大限度地保证了科普文章的质量。

第二种模式是由公众对发表的文章进行评分,并可以获得一定的积分。或者通过一些简单的设置,常见的有"点赞""不赞同""顶""无聊""踩"等词语,公众看完可以很方便地选择。这样,就可以看到多数人对发表的文章的态度,从而帮助公众选择是否接纳其看法。

2. 强化"把关人"机制

科学自身的特点是客观性和价值中立性,所以科学传播的内容也同样具有这些特征。正确、理性、客观的传播科学内容对于普通大众认识科学、理解科学、学习科学扮演着十分重要的角色。然而,在这个经济社会时代,大众传媒在传播科学的过程中,也出现了一些一味追求收视率、点击率而迎合受众的喜好从而忽视了科学传播的基本要求的现象。

与此同时,科学共同体、学者专家等权威人士并没有站在大众传播的最前方,对于向公众传播新的科学知识,把专业性强的理论"翻译"为通俗化语言等科学传播活动不太关心。这种种现象都表明了他们和媒体并没有联合起来,做好"把关人"的职责。科学传播内容想要保持正确性、客观性、中立性就离不开健全的监督机制。在科学界和传媒界还没有建立起以权威科学团体所组成的监督小组,实时进行监督,或将问题通过大数据汇总分类统一回答。在伪科学已经对民众造成大的影响时,"把关人"更应该及时向公众解释,做好群众科普工作,及时禁止伪科学、澄清伪科学。

(四)完善反馈调节机制

1.媒体要充当好传播团体和受众"通道"的角色

拉斯韦尔的 5W 理论结果是信息传播是直线的、单向的,对于反馈所带来的影响和制约完全忽略不计。新媒体以数字技术平台为依托,仅仅数十年的发展获得的受众数目便远远超过传统媒体近百年的发展。也是因为如此,所产生的负面作用也渐渐浮出水面,变得不容忽视。

在科学传播活动中,传播供体所必须做的事情就是密切关注传播受众对发布的科学信息的反馈、评论,以掌握受众的兴趣取向、关注焦点。根据受众的反馈,来修改调整甚至更换传播内容与形式。对于热门的问题可以在回答后放在网站显眼位置以抓人眼球,争取不是"粉丝"的受众,使受众积极参与到活动中来。同时,科学传播团体和组织可以通过线上聊天室等方式进行科学传播活动,针对当下比较流行的科学类话题进行线上实时回答,与受众交流。一方面,不仅增加组织的影响力,使科学"粉丝"更加忠诚;另一方面可争取更多的"路人粉",通过实时沟通,实时参与科学传播活动,传播供体就能掌握第一手的反馈信息。

2.实施实体与互联网联动,加强与受众的互动

在自由和个性的今天,受众个体的特点是互动最大化。新媒体最大的吸引人之处就在于和受众之间的实时交流。面对受众的变化,传统媒体如报刊、书籍等如果不能很好地

利用网络来加强与受众的互动,那么最终将会被淘汰。大多数传统媒体与互联网的联动,大致经历了四个阶段:第一阶段是单纯的把内容搬到网站上,是"搬运工"的角色。第二阶段为网络交互版,改造传统网站,以满足互联网特点来满足用户需求。第三阶段为多媒体阶段。第四阶段是媒体融合阶段。对比之后不难发现,到现在为止,尽管很多传统媒体都建立了自己的网站或者网络平台,但仍然停在第一、第二阶段,根本没有达到"互动、互利、互赢"的初衷。与传统媒体相比,网络沟通的优势地位超然。网站可以通过论坛、跟帖子、一句话评论等形式掌握受众的关注点和兴趣点,及时处理受众的问题,和受众沟通。这样,针对受众的建议对网站进行改造,利用大数据统计分析版块点击率的变化和规律,促使下一步的工作更加有重点。

第二节 融媒体背景下电视民生新闻的创新与发展

一、融媒体背景下的电视民生新闻现状

融媒体背景下的电视民生新闻,在传统媒体的稳定受众基础上,又有了全新的要求和挑战。传统的电视媒体在面对互联网浪潮冲击的前提下需要自身有全新的认识,并做好打好民生信息传播攻坚战的准备。

电视民生新闻归根结底,属于传统电视媒体的一种新闻类型,然而面对网络互联平台新兴媒介的出现,发展中的电视民生新闻弊端就逐渐显现出来了。新闻的时效性,属

于新闻传播迅捷与否的关键因素,面对着新媒体技术的普及和发展,传统媒体中的民生新闻,还不能很快地达到新媒体本身的传播交互性优势。因为在新媒体发展的大趋势下,传统媒体无法做到第一时间将得到信息传递给受众。然而在以互联网为大环境的新媒体时代下,观众也从电视的被动接受信息者转变成新闻的消息发布和传播者。互联网大环境下的新媒体信息资源因其更为开放的姿态,赢得了更多年轻受众的喜爱。

新媒体的大环境下,受众手中的一部智能手机,就可以凭借微博、短信、微信公众订阅号等移动网络互连手段,进行分享内容和信息的海量传播,打破了常规化依据传统媒体接受信息资讯来源的壁垒,实现了从可触及的传统电视媒介收看方式转变到指尖上分享、转发的虚拟互联时代。

虽然传统媒体的长期王者地位被新媒介的出现所动摇,电视民生新闻的发展也要在新媒体的大背景下做出适时的调整和再度的融合。从新闻的时效性角度来说,电视民生新闻本应凭借其自身的传播属性在时间的进展过程中,产生传播效果的社会影响,最终体现出新闻报道中民生新闻的新闻价值,更具有说服力和可信度。然而,在新媒体背景下,往往能够在最短的时间里做到"放射性"的传播,这种传播新闻的时效性是其他媒介所无法超越的绝对优势,能在拿到新闻线索及报道事件后以最快的时间进行传播,并向受众发布消息,这种抢先发布新闻的方式就已经在新闻报道中领先其他媒体一大步了。[1]

---

[1]许盛循.融媒体背景下电视民生新闻的创新与发展探究[D].哈尔滨:哈尔滨师范大学,2016.

对于新媒体的传播效果,因其更具有灵动性和时效性而特点显著。比如:2016年2月19日,中共中央总书记、国家主席、中央军委主席习近平在中央媒体调研,透过《人民日报》的新媒体微信公众订阅号,向全国人民发出新年的元宵节祝福语音信息,在第一时间就传播到了全国上亿的手机微信用户的手机上,这种时效性,拥有传统的电视媒体无法超越的绝对优势。新时期的电视民生新闻,必须要敢于去做发展道路上的探索者,快速融合新媒体的优势,进行学习和汲取新媒介的优势,加以提升和改进自身的传播方式,在新闻传播的时效性上下大功夫。因为电视民生新闻本身和网络媒体对抗的劣势就在于新闻的时效性不足,除去网络新消息资源的传输更为方便迅速以外,每一个单一的受众也完全可以成为一条消息的发布者和分享者,这也是电视民生新闻很难与新媒体环境下的网络时代抗衡的一大因素。

二、融媒体背景下电视民生新闻面临的机遇

(一)选题来源更加广泛

在融媒体背景下的电视民生新闻,虽然在发展前行的路上,遇见了新的挑战,原来在传统电视领域中的收视份额也因为收视率的下跌而受到明显影响。但是这同时也一样有着全新的鲜活新资源等待着电视民生新闻的从业者积极探索,新闻选题的来源,在一定程度上,就是借了新媒体吹来的阵阵"春风",将整个传统媒体的新闻生态圈再度盘活,在全新的竞争模式下,电视民生新闻的发展机遇与挑战并存。

传统电视媒体的民生新闻,由于其题材相对零散琐碎,

往往会让人产生相对普通的平民化倾向。因为常规化的民生新闻报道的传统风格为短、平、快,这样的报道方式会让受众很直接的获得新闻信息的关键点,这和先前的传统媒体刻板生硬的报道风格形成了鲜明的反差。新媒体背景下的传媒大环境下,民生新闻除去要和先前几年的微博来争夺关注度之外,还要迎接新的一批在互联网时代中,逐渐强大的自媒体力量的冲击。虽然自媒体的影响还未达到传统媒体的大格局和大体系产生大影响的高度,但未来绝对会是一股不容小觑的势力。然而有弊也有利,新媒体在新闻选题上,很大程度上给传统电视民生新闻的选题,提供了极为广泛的灵感来源。

按新闻的分类角度来说,民生新闻包含于百姓的衣、食、住、行、柴、米、油、盐、游、购、娱、教。居家过日子中遇到的一切难事、愁事、烦心事、不平事、高兴事、新鲜事都属于民生新闻的报道范畴之列。这与常规化百姓认为的与水、电、气、暖等等相关的生活新闻不尽相同,表现得更为细致深刻。

民生新闻的选题角度多、方向广,不过秉持报道百姓生活的民生新闻,要有整体意识和大局观念,报道的新闻要关注生活中普通群众的真实生活和真实故事,多从小处着手,显现出报道百姓平凡生活中的不平凡故事,把摄像机镜头聚焦在最基层的群众,多听百姓的心声,采访过程多让百姓发声,节目的品质自然而然在纷繁的选题素材中脱颖而出。

之前即使民生新闻包含的角度方向很广,但是按照民生新闻的传统选题模式,仍然是按照新闻热线的爆料信息进行常规化采访编辑,这阶段的新闻内容更加看重消息本身的通俗性，是大多数市民观众在茶余饭后的谈资，然而往往缺乏新闻传播角度的深度思考能力。时下的微博、微信、手机新闻客户端提供的民生新闻内容，一定程度上刺激了电视民生新闻的取材选题方式，从这一点上也体现了新兴媒体这种媒介方式对于社会和受众的影响。新媒体的大环境，给电视民生新闻提供了海量的参考选题角度，而且也凭借新媒体的传播力，使传统媒体借助新媒体的优势，做到长远的进步和发展。

(二)传播形式多样化

在当前的新媒体背景下，电视传播的形式也由原来单一的电视观众的单线传播角度，转变成更为多元的传播样式。因为多元的角度获取信息源，具备了更为丰富多样性的传播渠道，这种转变也是为了迎合观众在不同阶段对于电视民生新闻资源的收视需求。从电视到手机，从大屏幕到小屏幕，这样的每一次形式的转变，都是互联网时代下的受众收视习惯的转变。从传统媒体到新媒体，一样的新闻热点，不一样的收视体验。也可以说，全媒体时代正在打造一种"颠覆"式收看电视民生新闻节目的方式。

传统媒体的方式和新兴媒体的有机结合，更大力度地开拓了与人民群众息息相关的民生新闻的观看习惯，透过移动互联终端，不论是智能手机的屏幕上，或是平板电脑的界面，群众都可以透过网络点击自己喜爱的节目或者关于民生新闻角度的报道进行回看和评论。新媒体时代的到来，可以说是将受众真正意义上的从被动地"刷屏"接收新闻，转变为自身去寻求信息来源，找到自己需要的民生新闻信息。

电视台报道新闻的直播形式,也可以说为了保证新闻时效性的具体表现,以"快"制胜。打开网络的搜索引擎,输入电视台的关键词,进入一个电视台的网站你就会发现,电视台为了更多样性地传播自制新闻节目,往往在自己的绝对优势位置宣传自身的王牌新闻节目,栏目的微信二维码、官方微博账号,都会非常明显地展现在互联网的界面上,以方便观众不论是透过手机微信还是关注电视节目的官方微博,都可以发现节目的相关动态,真正意义上体现了新媒体环境下的传播形式多样性。

传播形式的多样化必然会导致收视率的降低,因为凭借相同的视频信息资源,无论是互联网,还是手机客户端,都可以透过小屏幕来了解观众的收视热点和想要表达的具体内容。网络媒体的新闻传播与受众的联系十分紧密。当一条突发的民生新闻发生的时候,普通受众也可以完全第一时间拿起手中的相机或者手机记录下新闻现场的原始景象,换句说法来说,那一刻,在现场的每一个目击者都可以是"现场记者"。

(三)伴随性、时效性增强

新媒体的迅速发展,给传统电视新闻传播方式增加了多样化的表达;同时,在新媒体的促进下,传统媒体的报道大大增强了与群众生活的伴随性,增加了以新媒体为平台实时参与新闻报道的时效性。互联网技术的发展已趋于成熟,智能手机、平板电脑等移动互联的新科技产物也逐渐走进千家万户。如果说按传统的方式,受众将自己用手机记录下来的新闻素材发送给电视台,能够给电视民生新闻提供足够的信息支持的话,那么在新媒体时代信息量为王,时效性决定新闻生命力,一个普通群众拍下来的新闻现场画面,会更为轻松地通过互联网传输到视频网站上,电视新闻媒体也可以较为轻松地将受众传播的新鲜视频素材作为自身新闻线索报道的有力支撑,而整个报道新闻的角度,时效性的增强不言而喻。对于更多的移动终端电视受众,完全可以通过新媒体的App新闻软件实时伴随式跟进新闻报道的进展情况。传统电视媒体抓住了互联网的优势,进行资源互补,互联网和传统电视的关系也呈现了一种伴随式递进前行的趋势。

(四)受众互动性增加

随着媒介生态环境的变化,之前传统媒体的新闻资讯从业者,也逐渐适应了在新媒体的范畴里,将自己的定位由传统的新闻内容"宣传员"过渡到资讯的供给者;由原来单一的线性传播特色,逐步过渡到多角度的、反馈式互动性传播。利用好新媒体的资源进行"共享式"传播,也是在不同领域里,三网融合环境下的又一大优势互补。观众在观看电视民生新闻的同时,可以依据直播新闻画面上的微信二维码,或是透过热线电话、官方微博等方式与节目进行互动。广播电视台节目在进行直播进程中,观众可以随时拨打直播间的新闻线索电话与记者、编辑进行新闻的互动,并且提供有新闻价值的民生新闻信息。电视民生新闻的主持人采用互动性语态来播报新闻,新闻的播读方式体现得更加亲民。因为电视民生新闻本身就是通过平民化的报道方式来讲述老百姓自己的故事,主持人采用更具亲和力的报道方式,会让整个民生新闻节目更容易让受众接受。这种极具亲和力的播报风格会让老百姓在轻松的情绪下,接收到电视民生新闻所传递的新闻信息,也让受众乐于与主持人一起参与到节目的互动中来。从一定程度上来说,电视民生新闻的亲和播报风格以及流畅的互动过程,提升了电视民生新闻在受众眼中的美誉度。地面频道推出的电视民生新闻节目,也非常重视收视人群的关注度、好评度。在节目中,观众的互动参与也显得尤为重要。新媒体的发展,增加了电视媒体可选择的互动方式,而之前几年常态下的短信互动方式,也已经慢慢淡出历史的舞台。之前参与互动的热心电视观众,选择在节目播出时,电视屏幕的最下方出现字幕条目的短信互动方式,如今已经基本被二维码的互动方式所取代。

三、融媒体背景下电视民生新闻遇到的挑战

新媒体的迅猛发展给中国传媒产业的模式带来了巨大的改变。如今随着网络视频、移动互联网、网络技术的不断发展,越来越多的人选择在网络上接收和传递信息,这样的传播方式更具互动性、自主性和多样性,使得受众选择新媒体的积极性不断提高。

网络视频在2009年就实现了技术上等多个核心层面的突破,现已经度过了最初的探索期,进入迅猛发展时期,电视民生新闻报道的时效性优势逐步被网络媒体所代替。由此可见,在新媒体迅速发展的环境中,电视民生新闻无论从自身的内部因素还是所处的外部环境都面临着各种挑战。

(一)技术的缺陷

融媒体背景下,技术创新在电视民生新闻的改革过程中起着至关重要的作用。电视媒体包括生产、播出、传输和

接收四个部分,以业内人士的角度来看,从模拟到数字的转换,不仅是生产技术手段的进步,更标志着媒体市场模式巨大的变化。电视民生新闻节目作为电视市场上重要的组成部分,技术的转变对电视市场有着很大的影响。但是这种技术的进步并不能使电视民生新闻节目在竞争中处于不败之地,由于新媒介传播技术的不断发展,电视民生新闻的传播力遭受巨大的考验,新媒体虽然与传统媒体之间存在竞争,但它也可以促进传统媒体的发展。

传统电视民生新闻节目的技术与新媒体技术是有差距的,新媒体技术推动着电视民生新闻节目的改革,信息资源丰富是新媒体的一大优势,同时也为电视民生新闻节目提供了丰富多样的内容,充实了电视民生新闻节目的信息资源。理论上,电视民生新闻不可能被新媒体完全替代,但新媒体对电视民生新闻节目造成的冲击也不可小觑,究其原因,是因为互联网具有传统电视媒体所没有的传播特性,它所提供的某些功能是其他媒体所不能代替的,正如电视媒体不能取代广播媒体一样。由此我们可以看到,互联网和电视会在相当长的一段时期内相互并存。互联网的发展前景是广阔的,电视民生新闻节目想要做好与新媒体的融合并做出突破,在融媒体的过程中更不能忽视自身优势。在这个媒体革命的时代,电视民生新闻节目如果不能够承受新媒体的冲击,那么必然会被淘汰,但如果抓住时机,实现自身的转型发展,就一定会向前更进一步。

(二)传播模式不完善

长期以来,传统的电视新闻节目所传达的内容是有限的,而新媒体的出现打破了这一点,出现了"百家争鸣"、众说纷纭的局面,不同的人对同一事件有着不同的看法,这是不同的人生观、世界观、价值观必然会出现的分歧。新媒体使更多的观点得到传播,无论是对的、错的、好的还是坏的。而电视民生新闻节目为了寻求发展,就必须注入新的血液,这就促使它必须对自身进行大的改革,无论是节目内容、运营机制、传播途径或是生存环境。但这种传播模式的变化也有一些负面的影响,如为了迎合观众的心理而过度娱乐化。毕竟内容才是电视民生新闻节目的核心,如果内容过度娱乐化,新闻的可信度就会大打折扣。因此,虽然电视民生新闻节目需要保持和受众的沟通交流,但要进退有度,切勿过犹不及,应该利用新媒体的优势,抓住核心内容,扬长避短,为自身的发展注入新动力。

(三)运营模式落后

媒介融合真正目的是要借助新媒体,充分发挥自身优势以寻求更广阔的生存空间。用传统的运营体质难以打造出这样的生存空间,运营理念的创新和运营机制的改善才是发展的不竭动力。讨论电视民生新闻节目和新媒体的融合,首先我们应该清楚地认识到电视民生新闻在与新媒体融合中的优势和自身角色。

我国电视媒体行业的运营盈利模式都是利用产业手段来获得运作资金。当前,我国电视媒体行业一方面遭受着新兴媒体的冲击,另一方面还要承受着电视行业内部竞争的压力,使得电视媒体影响力和竞争力不断减弱。而新媒体正好相反,各项业务都在向良好的方向发展。新媒体迅速地分化着传统电视媒体所占有的广告资源,使得传统电视媒体的运营模式受到了严重的影响。如今,传统媒体在新媒体环境下如何抢占广告资源,已经成为传统媒体所要解决的最大难题。电视民生新闻节目作为电视媒体的一部分,也不得不面对如此的难题。

新媒体凭借自身的简化发布信息和获取信息迅速的特质,与传统媒体纷繁复杂的采编流程相比,有着绝对强大的优势。新媒体的自身最大优势是传递信息迅速、快捷,这也常常决定了新媒体发布的信息有时会缺乏深度的报道和更进一步的由内而外的多层面传播。本身新媒体报道新闻的浅层面,是由于新媒体的新闻报道从业者几乎是"零门槛"的普通群众,这就无法与电视民生新闻职业记者的报道深度达到相对平衡的水准。从另一角度来看,作为传统媒体"老大哥"的电视,因其本身的内容提供方式,决定了观众只能被动的收看电视节目,但是缺乏像新媒体那样的灵动性。虽然电视媒体具备极强的内容制作底蕴,但传统媒体的内容取材太过局限,仅从这一点上来看,电视媒体就无法和新媒体海量的信息来源抗衡。归根结底,新媒体环境下的传统电视媒体需要进行革新式创造性开发,吸取新媒体方向的优势,以互联网为代表的新媒体,也要学会用虚心学习的心态去和"老大哥"传统媒体去学习,潜心研究有价值、有深度的民生新闻节目。因此,以电视民生节目为代表的传统媒体,一定要迎合时代的传媒浪潮,凝心聚力的与新媒体并肩前行,新媒体与传统媒体的融媒是传媒领域探索发展进程的必然选择。可以预见性的判断,媒体的高度专业化是未来发展的大方向,也必定形成新的媒介产业性链条,假设传统的电视媒体不选择进行媒介融合,恐怕终究会被急速前进的新媒体大环境驱使而被淘汰出局。

融媒体背景下，电视民生新闻的内容与模式也需要持续创新。传统的电视媒体试图找到和新媒体融合的方法，就要先找到与新媒体的融合点，不可以简单的将传统媒体的制作新闻方式在以互联网为代表的新媒体范围内进行"复制"与"粘贴"。两类媒体在不同的媒介环境中，有着各自的优势和特质。强制的"移花接木"会承担融合失败的风险。对于全媒体时代的传媒从业者来说，若想将不同媒介成功融合，还需要很长的一段时间去攻克更换传媒"水土"所造成的"水土不服"。要多在节目内容和节目模式上小角度地去做文章。

全媒体时代下的电视民生节目，内容上应保持原有的电视民生节目"以人为本"的报道方针。保证内容为王，以新媒体的传播迅捷优势来进行与电视节目的融合，在两者融合的过程中，多去思考在节目的模式上求新求变。在全媒体竞争的环境下，电视民生新闻要多以受众体验的角度去做节目，仔细多加打磨节目样式，关注百姓观看节目后的收视反馈，对提出的节目建议进行针对性的改良，注重观众的评价，这样才能使节目能在百姓的呼声中，越办越好。

四、电视民生新闻的融媒模式创新

需要全媒体各司其职，多种媒介方式手段的融合会促进一档电视民生节目的成功，充分调动新媒体网络资源进行互动，利用好微博、微信的新媒体互动平台，并勤于探索全新互动形式下的平台传播规律，在得到新闻线索，进行现场思考的时候，要多考虑互联网新闻和电视新闻角度的采编融合，做好新闻信息发布的前瞻性。如：得知突发新闻线索选题的时候，第一时间奔赴现场进行采访，并在现场直接以文字稿短消息的形式在网络上率先发布新闻动态,在新闻网站上标明清晰新闻事件,并标明关注后续节目的报道话语,这样就初步做到了电视民生新闻在网络和电视双平台的互动和发展。民生新闻在不同媒介中的传播方式,决定着融合后新闻多角度传播方式的分众策略。既要求新闻的采编,又要遵循移动互联平台看时效,电视终端看深度的多渠道传播原则。在新媒体背景下的节目模式创新要在全媒体范围形成紧密的联动机制。之前的传统电视媒体,对于受众和媒体的互动性还不够紧密。在如今全媒体时代,媒介的融合首先需要我们解决的,就是新闻信息与受众互动不频繁的问题,受众由先前的新闻信息被动接收者转变成了信息的吸取者和间接传播者。纸媒、广播、电视、互联网等多种媒介传播手段在全媒体时代分工明确,这样才能保障各媒介在内容及模式创新的探索上,起到交互影响,合作共赢的全媒体崭新生态圈。

五、电视民生新闻的融媒过程改进式创新

黑龙江电视台都市频道《新闻夜航》,开播于1999年6月28日,是一档关注民生角度的新闻资讯类电视栏目,是在黑龙江省的观众满意度以及节目的收视率都是冠军的王牌节目。开播至2016年,《新闻夜航》已经迎来了第18个年头。节目本着关注受众身边生活中的世事百态,讲述普通百姓的大事小情,关注民生、为百姓解忧的新闻理念,在开播18年来,收视率始终处于民生新闻节目的领跑者,可以说能和江苏电视台城市频道的《南京零距离》一样,成为电视民生新闻类的"现象级"节目。《新闻夜航》以民生为节目导向,紧抓第一时间传播速率,为受众推送最及时准确的民生

消息,一直以来深受观众青睐。面对来自新媒体方面的一股股融合"飓风"的大气候,上至电视台、频道,下至栏目和节目板块,都需要在各类网媒联动融合的大变革下,寻找到自己最具鲜活竞争力的优势。这就像在电视媒体中,火爆屏幕的东方卫视电视综艺节目《极限挑战》一样,伴随收视率的高回报,其衍生IP的电影项目《极限挑战:皇家宝藏》,在电影院线也获得了巨大的成功,引发大家对于传统媒体融合发展方向的转型升级思考。在电视民生新闻节目的收视率获得业界好评以及传播率领先的时候,电视民生新闻也和其他的节目一样,机遇与挑战并存。除去大刀阔斧地加大传媒行业的融媒过程之外,电视民生新闻对于节目内容、节目模式的思考,也要有创造性的尝试和更具开放包容性的探索。

(一)多元融媒激发受众关注节目热情

多元的媒介融合尝试,使受众对于新闻内容的关注不会局限于以一种传统的媒介传播方式,去获取对大众有益处的信息资源。受众对于信息的索取更强调内容的多方向表达,传统电视媒体的多元化传播,会让整个新闻节目的信息发布变得更具时效性,互动更加顺畅。三网融合的应用更加趋于成熟的多元媒介形式的电视化表达过程,新媒体与传统媒体的互动也激发了百姓收看新闻的兴趣,也是如今电视新闻表达节目内容的新方式和新手法。《新闻夜航》实现手机、电视、网络的三大平台同步直播,《新闻夜航》因其融合了无线通信、电视网和互联网的全媒体平台发展特质,多种媒介之间的劣势逐渐被淡化,强化彼此媒介的优点进行互补。抓住高覆盖率的电视特质,继续优化电视的权威发布特色,依托于互联网的无限延伸,兼具实时性和随身便捷传播特色的无线通讯方式,发挥不同的媒介传播方式,可以更为有效的在受众的新闻获取过程中激发新的乐趣。比如《新闻夜航》主持人罗景昕的《昕话题》板块,就是在三网融合下,在受众角度中,较受观众欢迎的节目板块。

(二)"微"媒体传播下的节目互动方式融合

《新闻夜航》与新媒体的互动方式也在不断地变革中,逐步走近大家的互联网生活。砥砺前行的《新闻夜航》在积攒了超高人气和自身的品牌公信力之后,在"互联网+"的全媒体时代,采取了准确的策划传播推广方式。在微信、微博两大"微"媒体角度上做到了极为成功的宣传与互动的受众体验。目前的《新闻夜航》微博粉丝数量已经突破182万大关,单条微薄的平均评论转发互动数量也在上千次左右,节目的官方微信的关注人数也超过了280万。一大批具有建设性的意见和建议被《新闻夜航》的铁杆粉丝提出,节目的一大特色也在于其对于群众在微信、微博爆料呼声的关注,这对于节目新闻质量的整体提升具有极强的反馈意义。微博微信传播节目信息的特色,也在一定程度上打破了节目对于播出时长的限制,观众可以随时打开手机客户端,对所看到的新闻内容进行评论,或者是对于新闻主播所抛出的互动话题,进行留言参与。

在收视节目的同时,节目对于受众的互动则体现在节目中奖品奖励机制,参与节目的新闻话题互动,则观众就有机会获得栏目提供的幸运奖,这也再度激发了观众的收视热情和节目的参与度。借助微信的传播效果,打破了电视媒体与观众的互动局限性,也压缩了在节目播出时间范围内,受众和节目传播所需要打破的时间概念。透过新媒体的微信公众平台及微博账号,节目组的新闻记者与电视观众可以更为顺畅地进行互动,而且也大大解决了观众和新闻记者沟通困难的问题,使节目的传播效果更加顺畅。节目还可以借助本身与网络上的舆论"大咖"的交流,依据节目的公信力以及个人的社会舆论影响力来提升节目的品质和自身栏目的价值,在与节目的观众进行互动的过程中,要加深节目关注的民生问题的攻克程度,做到为百姓解决报料新闻的难点问题。在相关媒体的官方微信、微博客户端上互相加关注,在一定程度上,借助于新媒体客户端的互动、交流,加大节目本身的新闻点的发掘,也会为受众对于栏目的兴趣产生,起到一定的助推作用。

(三)新闻采集的"制播分离"机制

制播分离式的节目形态在我国近几年的电视综艺节目中已经出现。如由传媒大亨默多克旗下的星空传媒的中国子公司灿星制作,引进《荷兰之声》制作的"好声音"中国版,还有为中央电视台制作的真人秀《了不起的挑战》;这在几年前的中国电视界都是无法想象的,由非专业的电视节目制作平台,打造的节目在传统的电视台进行播出,这在过去的中国传媒业界都是一次体系内外兼容的破俗之举。在制播分离的成功模式下制作出的综艺节目,渐渐风靡全国,成为一种形态样式。然而在电视民生新闻角度的"制播分离"尝试,要从地方民生新闻记者向上级电视台报送新闻外宣的通联记者采访说起。上海电视台新闻综合频道《新闻坊》的新闻素材来源,一部分是来自上海电视台本栏目的采编记者,更大的一部分城市新闻内容,是来自下一级别的通联记者。所谓通联记者,指的是为《新闻坊》进行采集新闻,并且上报栏目的地方区域电视台新闻记者。如在上海各辖区的新闻记者,发现极具价值的新闻线索,采访结束后,则将新闻粗剪视频和新闻稿透过互联共享平台,上传至《新闻坊》的新闻素材备选区,如若上报的"外宣"新闻,被《新闻坊》栏目选中,则完成了地方区域台的新闻当地制作,播出平台在更高一级电视台的联动机制,完成了电视新闻的"制播分离"双平台模式,以达到新闻资源共享的高效互动机制。

六、频道媒体融合:开启资源联盟模式

早在2010年,黑龙江电视台都市频道的《新闻夜航》就打破了常规化的节目传播模式,采取与其他省份的电视台频道合作的方式,与辽宁广播电视台都市频道、吉林电视台都市频道共同建立了频道联盟形式。在新媒体火速前行的背景下,相互结盟式地创造出了一种全新的节目联盟模式,在激活媒体活力,促进媒体的产值方向上做出了贡献。一档成功的电视新闻节目,除去其关注民生的新闻角度之外,还要有高瞻远瞩放眼全国的视野。《新闻夜航》作为黑龙江电视台收视率最高的新闻节目,不仅要立足于省内,还需要努力尝试将受众范围从省内扩充到东北、甚至于全国,透过媒体之间的结盟联合,将会促进新闻型人才的交流,优势互补,共同攻克转型时期,一同面对传统媒体与新媒体融合过程中出现的问题,一起探讨解决的方案,这对于整个媒体融合后的民生新闻良性发展,是一个共赢的选择。多年以来,各类新闻媒体的合作项目还是趋于单一的新闻采访业务上的交流学习,面对当前的竞争形势,媒介间的兼容和合并是

理性下的大势所趋,需要意识到的是,媒体间的竞争是和互动合作相互依存的,如果只想以自己的封闭式思维来发展电视民生新闻节目,不主动求新求变,那么自身的资源困乏,必然会导致自身媒体地位被孤立,自身的媒体竞争力也会必然受到疲态的困扰。

跨越省级卫视的战略性合作,需要媒介融合的决策者发挥集体的大智慧。地面级别的区域性电视台跨省级合作,是一种全新的融媒思维方式,也为本身在区域内传播的地面频道,提供了重新塑造品牌竞争力的绝佳机会。新媒体的崛起,对于传统电视媒体的收视格局是一次颠覆式的影响,各大省级卫视,在本身手中握有相对稳定的广告赞助和市场份额的大前提下,面对新媒体的冲击,收视率屡遭滑铁卢;至于根本无法和省级卫视的新闻节目相提并论的地面频道,没有高覆盖率的收视范围保障,往往也缺乏充足的广告收益,而且对于新闻信息的情报来源也无法和央视及省级卫视相提并论,这就要求了地面频道的电视民生新闻节目要自我主动求变,以地面频道跨省联合的融媒方式,进行重塑区域性媒体的战略融合。如吉林都市频道的民生新闻节目《说实在的》,自2007年开播以来,在地面频道中赢得高收视的同时,与黑龙江电视台都市频道的《新闻夜航》等5家省级地面频道的民生节目进行联盟,在跨越区域的传媒生态圈中,寻找到了一种全新的融媒样式,防止了区域电视台与省级卫视收视率两极分化严重的现象,也为急需外延自身宣传渠道的广告赞助商提供了更为广泛的传播效果,进而也拉动了全媒体背景下电视民生新闻前行探索的新思路。

七、电视民生新闻融媒传播力的深度探索

新媒体时代的到来,给传统电视媒体带来的冲击,在一定程度上,是具有极大毁灭性的,如果不能在媒介融合的多渠道里寻求共同前行的方式和方法,以传统媒介传播方式及效果的局限性,必然在较长时间范围内影响自身的发展和进步。因而电视民生新闻应在融媒进程中,不断地深度探索媒体融合后的传播效果,以保证融媒后的电视民生新闻能够在全新的新媒体融合环境下保持持久的节目生命力。

媒介环境,即一种社会情境,其中包括一切可能影响到媒介发展的因素。媒介环境的概念最早起源于20世纪60年代,由加拿大传播学家马歇尔麦克卢汉提出。这使最初期的媒介环境被定义为一种社会情境的表达。而后,根据波斯曼为媒介环境学下的定义:"媒介环境学研究人的交往、人交往的讯息及讯息系统。具体地说,媒介环境学研究传播媒介如何影响人的感知、感情、认知和价值,研究我们和媒介的互动如何促进或阻碍我们生存的机会。"在如今媒介融合迅猛发展的时代背景下,电视民生新闻需要理清思路,找到合适的方法来进行深度的探索,在全新的媒介环境下成长进步。

(一)电视民生新闻节目的品牌化发展战略布局

电视民生新闻始终秉持以"内容为王"为原则,进行节目的制作和打造,但是面对新媒体的冲击,原本内容为"王牌"的电视民生新闻节目在新媒体的环境下,面临着节目资源传播时效性不及网络媒体迅捷的弊端。面对融媒创新的媒体大环境,传统电视媒体也一改往日信息资源提供商的强势地位,现在也需要和互联网上的新媒体一起,共同面对

供应节目信息方式的转变。首先需要明确电视民生节目的品牌化,是保证电视节目在被收视率绑架的全媒体时代,能分得一份羹的先决条件。如今的电视媒体供应商,在新媒体的融合大局下,除去自制新闻节目的精品化保证之外,节目的官方微信公众平台的视频转发、节目微博的分享互动等也都要保证节目精品化的大局意识,只有保证了节目内容和包装后的品质,电视民生新闻节目的收视率和广告赞助,才能在一定程度上保持平稳发展。

按照美国市场营销家菲利普·科特勒的说法:"品牌是一种名称术语、标志符号或图案,或是它们的相互组合,用以识别某个销售者或某群消费者的产品或服务,并使之与竞争对手的产品或服务相区别。"打响品牌是市场营销学上的一个概念,但它对于电视媒体的市场也同样起着发展布局的极大价值。就像在平时的日常生活一样,我们依据自身对于品牌的理解在超市选购不一样的商品,电视民生新闻节目的品牌化策略,是为了争取广告赞助商的高额利益回报,以及受众对于节目体验的常规化定性思维手段。

当前,传统媒体和新媒体的融合还在不断地彼此磨合和相互适应,这对于品牌价值极高的电视新闻节目来说,多尝试全新的互动体验式活动,将会给节目的忠实观众来来较高的节目忠诚度和满意度。如《新闻夜航》的《夜航团购》板块,无外乎是将受众从单一的关注电视节目的民生新闻的受众,拓展到信赖电视节目品牌公信力的消费者,这也是一档成功的电视新闻节目,从注重民生的信息获取,再到依据品牌的力量的二次民生信息传播,能够深度探索挖掘节目品牌竞争力的探索式尝试。

年轻的电视受众,更容易通过新媒体的传播参与到节目的线上和线下的品牌互动体验中,在栏目组的互动过程中,受众的满意度和节目的存在感大大增加,在节目中获得了良好的活动体验,进而在品牌节目的线下传播过程中,从普通受众过渡到栏目的品牌消费者,栏目组本身也要更为重视节目的品牌衍生传播效果给消费者带来良好的用户体验,进而保证消费者的合法权益。

对于媒介融合的深度探索,还需要进一步加深对于传播影响力的深度表达。电视民生新闻的亲民特质是其他类别新闻无法比拟的优势条件,但也要意识到在新闻报道的过程中如何在体恤百姓疾苦之外,更具备极强的客观公正角度,这也给新媒体背景下的民生电视新闻提出了新的改进思路,因为电视民生新闻节目的主持人播报类型以近年来流行的"说"新闻居多,激发了观众收视的观看兴趣,但我们也要思考,亲民化的"说"新闻是否将新闻的公正、权威性打破了。所以在电视民生新闻的报道上也要注重选题的丰富多样性,切忌重复类型化的生活琐事反复出现,因为这在一定程度上也会使受众造成收视过程的审美疲劳,也难以在节目形态演变过程中成为品牌节目。

(二)电视民生新闻节目的媒介策划营销

面对电视民生新闻传播方式加以改变的现状,我们要学会关于媒介市场营销的宣传和改进。传统的企业依托于报纸、广播、电视进行商品宣传的姿态,在新媒体兴起的时候,就发生了悄然的改变。大批企业将自身原来在电视、广播以及纸媒的广告投入,逐步降低进而攻占互联网市场。面对自身的广告赞助商转向其他媒介进行营销宣传的现状,电视民生新闻栏目在做好自身节目品质的前提下,还要试图依据自身节目的竞争力去吸引其他需要进行广告宣传的企业来进行投资赞助,争取本地的企业广告资源,并做好线下的受众互动体验活动,增强节目的活力,进而使关注节目的受众和节目走得更加贴近,也方便为潜在的广告商提供宣传的观察思考平台。这样一来也从一定程度上减轻了地面频道民生新闻节目缺乏赞助广告商的窘境。除去线下的活动为广告商进行宣传之外,电视民生节目组的团队成员还可以策划线上的赞助商产品展销,凭借栏目自身的品牌影响力来对网络上的赞助广告产品进行营销,从而达到广告商对于市场宣传的虚拟环境盈利模式。

(三) 电视民生新闻节目的产业链发展探索

传统媒介的传播方式在面对与新媒体融合过程的时候,传统的观念也要及时更新。现在的电视内容供应平台,传递给受众的更多是不同类型的鲜活电视新闻信息,在已具备互联终端的新媒体格局下,传统媒体应该认识到自身发布的内容会通过不同的媒介供给于受众,而如今的电视观众也从传统的电视受众过渡到了全媒体用户这一阶段。这也就决定了以内容平台为传播起点的信息,可透过网站、出版物、广播等更为多元的传播渠道传播到更多的用户身边。

面对产业链条件下的电视民生新闻节目,需要适度调整自身节目的架构,筛选节目内容的"含金量",多抓民生"大新闻"。从"小故事"中找典型的新闻,多挖掘新闻的深度报道,在多种媒介方式争夺收视用户关注度的时候,报道新闻的角度和深度特质决定了电视民生新闻在和其他媒介竞争中所处的境地。如果与新媒体平台上的内容来相互计较,电视民生新闻一定会以自身的深刻度和报道严谨性上获得受众的真正认可。但是,如果受众想得到较新鲜的第一手新闻信息的话,新媒体凭借其自身的传播速度更为快捷,成为不二之选。无论是网络上的新闻网站,还是手机APP新闻客户端以及微博、微信上的新闻,都在以各自的角度去传递新闻信息的内容,所以面对多角度产业链的传统电视新闻媒体人,要适应融合媒体环境下的各自优势和自身定位,做强自身的民生角度新闻,即使在融合进程中,也不能一味地迎合于新媒体的传播方式,如果传统的电视媒体在融合进程中,失去了自我的新闻属性,那么也终究会在传媒变革的进程中被"洗牌"淘汰,因此,在融合进程中,既要学会媒介间的优势互补,也要适时学习探索全新的报道方式,在新常态下的互联网+全媒体时代下,试图找到电视民生新闻在新媒体融媒背景下的全新面貌。

第三节 媒体融合时代贯穿正确的舆论导向研究

新闻舆论处于意识形态的最前沿,也是意识形态工作中极其重要的一环。舆论导向是否正确,能够在很大程度上对个人、对家庭、对地方、对社会、对国家甚至对世界产生重要影响。因此,新闻工作者如何将舆论导向控制在正确的方向有着极为重要的意义。各个新闻媒体也必须紧紧把握正确的舆论导向不动摇,坚持正确的政治方向,坚持以人民为中心的工作导向,遵循新闻传播规律,切实提高党的新闻舆论传播力、引导力、影响力、公信力,用正确的舆论导向引领经济社会和谐快速健康发展。

一、融媒体时代新闻舆论导向意义及其影响力

我们所说的影响力通常情况下是指社会舆论界对新闻媒体播报的新闻引起的关注、形成的反响、产生的共鸣能力。或者将其理解为媒体或媒介将相关信息通过一种特定的传播手段传递给广大群众而对社会产生作用的力度。不但能使广大群众更及时、准确地接收信息,还能使群众将接收到的信息理解并准确地进行相应的传播,这就是媒介影响的基本目的。而影响力尽管存在大小的区别,但新闻媒体播报的新闻如果没有任何影响力,这个新闻媒体就不可能得到持续、稳定的发展。这就表明了影响力对传播的结果极为注重,而媒体的传播力和导向则是对这一结果的含金量进行确定的主要因素,传播力越大则代表影响力越大,反之亦然。与此同时,影响力的大小还会受到感召力的影响而产生改变,媒体所形成的影响力越大代表其舆论动员能力就越强,此时借助其自身的感召力将媒体周围的群众聚集起来参与到社会相关事务中,能进一步加强对意识形态和价值观的影响。舆论影响力的形成并非是现在,也不是某一个国家的新闻媒体单独创作的,而是为了与人类社会的发展需要相符合才形成的。因此,舆论影响力的重要性受到各个国家、社会团体实际发展过程中的关注。[1]

---

[1] 袁鑫. 新媒体环境下提升主流媒体舆论影响力的思考[J]. 采写编,2016(05):57-59.

二、新闻舆论导向建设中存在的问题

面对新的舆论传播形势,一些传统媒体和快速成长的新兴媒体忘记"我是谁",出现泛娱乐化倾向,以市场经济效益为唯一导向,一味迎合、讨好市场,追求发行量、收视率、点击量而忽视社会效益。新闻报道为取悦受众而"失向",为吸引眼球而"失真",为过分渲染而"失范",为刻意迎合而"失态"。在媒体全流程建设中没有实现全方位讲导向,没有起到正面引导作用。为了提升点击率,用语夸张、言过其实,"断章取义""夸大事实""无中生有""偷换概念",靠"标题党"吸人眼球,有悖新闻价值取向,成为传播负能量的推手。由于网络上流传的虚假信息的影响,导致传统媒体在某个时段所播报的虚假新闻、不实报道直线上升,部分新闻工作者通过互联网直接对信息转载使用,对网上虚假信息和非理性情绪进行传播、扩散,表现出"跟风""跟网"的行为,对信息的来源未进行严格查证,没有核实内容的真假。有的记者将职务采访获得的信息和不适合刊播的信息在互联网平台发布,一定程度上损害了政府形象,扰乱了新闻秩序。

三、如何正确把握舆论导向

(一)坚持党性原则

坚持党性原则就是以坚持正确政治方向为核心,牢固政治立场,坚定与党中央保持一致高度的决心,坚决维护党中央的权威。作为党和人民的喉舌,新闻媒体事业肩负着教育人民、服务社会、引领风尚和推动发展的重要使命,还能将舆论向导的根本要求体现出来。因此,不论何种情况,新闻媒体事业都必须以党的领导为方向,必须确保政治方向和舆论导向方向正确且不受动摇,要积极统一体现党的政治主张和反映群众的呼声,统一坚持正确导向和畅通社情民意,统一正面宣传为主与加强舆论监督,落实新形势下舆论引导水平的提高,促进新闻舆论能够为人民、为党和政府以及为经济社会的发展提供更好的服务。

(二)提高舆论引导的时效性

融媒体时代,要努力设置好的议题以引领舆论,承担起为受众引领方向、指点迷津的重任,在与受众互动中,为其提供优质内容,将内容价值最大化,从而引领网络舆论的正确走向。

(三)提高舆论引导水平

党的十九届四中全会《决定》指出,要"落实意识形态工作责任制,加强阵地建设和管理,注意区分政治原则问题、思想认识问题、学术观点问题,旗帜鲜明反对和抵制各种错误观点"。现阶段中,对热点的引导和选择都是极其重要的,而我们在引导过程中必须明确地认识利弊关系,才能帮助舆论导向朝着正确的方向前进。同时,也应该在一定程度上社会动向有着明确认识,将如何对热点进行及时有效、调控有度的选择当作工作的重点内容。复杂的社会现象和不断变化的社会生活向我们提出了必须坚持以党工作的大局为中心的要求,必须利用唯物主义和辩证唯物主义的观点、方法等,并与社会现象相结合,对问题的本质进行分析。

(四)加大舆论监督力度

新闻舆论监督实际上是指人民的监督,借助新闻舆论使人们能够对政府、党和其他工作人员进行监督,与此同时,也是对社会的一种监督。新闻媒体事业工作人员拥有党和人民赋予的权利,对舆论进行正确的监督工作,能够促使新闻宣传的权威性在一定程度上得到提高。新闻舆论监督工作应对党工作的大局服务、服从,这就要求新闻媒体和相关工作人员能在全局观上将监督的重点、关键点把握,特别是在局面十分复杂时,必须放远目光进行决策。对于社会的问题必须要勇敢正视,在报道可能会影响大局的事件时,必须以负责的态度、精神进行思考;其次便是宣传意识,不但是指舆论监督的时机和时效,同时也指舆论监督的数量和质量。新闻舆论的最高境界是在其滋生阶段打预防针,推迟或者是提前都可能无法取得理想的监督效果。时间未成熟时进行公开报道极有可能激化矛盾,加大问题解决的难度,造成更为严重的负面影响。

在宣传思想工作中,新闻舆论的导向一直都是十分重要的问题,也是新闻工作者所面对的难以把握的问题。正确的舆论导向可以将人心凝聚,也能将精神振奋。而错误的舆论导向会造成十分严重的影响。作为新闻工作人员,必须对新闻理论和业务知识不断进行加强,积极地在新闻舆论宣传工作中发挥舆论引导作用,为新闻媒体宣传事业的发展作出贡献。

第四节 融媒体时代下提升主流媒体舆论影响力的思考

当今社会中,各种新兴媒体如雨后顺笋般发展起来,新媒体平台以其开放性、自由性等特点吸引了广大网民的注意力,在这种形势下,主流媒体的舆论引导责任也就愈发重大。正确的舆论引导有助于形成良好的社会风气,促进社会的稳定、和谐发展。主流媒体必须勇于迎接来自各方面的挑战,积极探索新媒体环境下提升自身舆论影响力之道。

一、新媒体环境下主流媒体面临的挑战与冲击

(一)不实言论

近年来,随着科学技术的迅猛发展特别是网络技术的普及,新媒体逐渐发展壮大,并且得到了越来越多的人群的认可,其在舆论生成和传播过程中发挥着重要作用。在新媒体提供的社交平台中,以自媒体为代表,人们可以自由发表言论,由于使用者众多,很容易产生不同的意见与观点,不同观念之间容易形成对立。同时由于新媒体平台的开放性与自由化特点,很多使用者在发表言论时并没有经过认真考虑,例如在过去几年间发生的打砸商店汽车等事件,与一些极端言论的煽动有很大关系。极端言论本来只属于很少一部分人的情绪宣泄,但这种情绪的迅速传播会造成严重危害与后果。主流媒体必须意识到事态的严重性,采取

有力措施,担负起把事件向正确方向引导的责任。①

(二)舆论领袖

在新媒体中,舆论主体能够对现实的舆论环境产生制约作用。在新媒体这一大背景下,传统的媒体言论地位正在被移动网络等新兴媒体取代,一些新的"领军人物"正在发展起来,他们普遍具有受教育程度高、阅历丰富、反应迅速、观点鲜明等特点。这些"领军人物"在各新媒体平台中发表的言论甚多,内容往往是对社会热点问题的讨论,拥有数量巨大的粉丝群,能够产生很大的舆论引导作用。例如有段时间网络上热议的"地铁蹲"现象,能够在短时间内获得人们的关注,与网络"领军人物"的引领作用是密不可分的。人们对该问题纷纷发表意见,但是随着一些网络名人的关注与评论,粉丝们对该事件的看法发生了分歧,可见网络名人的舆论影响力之大。也就是说在网络环境下,有一些类似网络红人可以带动一些话题的讨论,从而引导舆论场。而主流媒体可能因为自身的传播方式受限,存在传统保守的短板,引导舆论的影响力稍微弱一些。针对网络名人的这种引领作用,主流媒体应该考虑发挥自身的优势来应对这一挑战。

(三)舆论场分化

在传播领域,一场巨大变革正在伴随着网络的发展而掀起,传播媒介的总体格局在逐渐改变。截至2023年6月,我国网民数量已达10.79亿,其中手机网民数量占到了10.07亿,人们获取信息的主要方式发生了重大改变,已经由传统

---

① 袁鑫. 媒体融合时代贯穿正确的舆论导向研究[J]. 电视指南,2017(15):148+164.

的电视、报纸、广播等媒介转向手机、互联网等新兴媒体,这也标志着舆论生成与传播的途径发生了重大变化,其结构组成也更加复杂。多种媒体平台的兴起为人们提供了自由言论空间的同时,也使得舆论场分化日益显现,对同一事件的报道,由于主流媒体的审核制度严格,而且发布时间固定,不如自媒体对消息的发布及时,导致受众无法第一时间通过传统主流媒体获得有关信息,致使主流媒体的受众对事件的评价出现偏差。

(四)市场的无序竞争

近年来,我国的社会主义市场经济获得了极大发展。在复杂而激烈的市场竞争形势下,媒体的宣传者角色发生了重大改变,其选择正在增加。新媒体环境下的主流媒体面临的挑战之一便是如何保持媒体的发展方向不被恶性竞争所左右,免受其诱惑。当前很多新媒体内部的市场化运作,为了提升收视率或者点击率,发展赞助商加入,难免会对其内容产生影响。例如部分媒体在广播节目录制过程中为了赚取收视率、充分吸引广告商的注意力,不但没有注重传播正能量,提升节目质量,反而是一味引入一些低俗情节,肆意篡改一部分经典故事,甚至部分电视剧为了追求物质利益,不尊重历史事实,随意篡改历史。主流媒体如果受这种风气的影响,陷入市场的无序竞争之中,则很难确保正确引导舆论。

二、媒体融合下主流媒体引导舆论的优势所在

现代科学技术的发展以及网络的普及应用使得舆论生成更加容易,为社会释放出了巨大效能。伴随着新媒体的广泛运用,"人人即多媒体"的传播格局已成为现实,网民们发表言论有了现实的平台,使得大众传播的内涵发生了重大改变。针对这种现象,尼葛洛庞帝曾经做过以下描述:信息包虽然数量众多,但是相对独立存在,每一个信息包都蕴含了丰富的信息,并且能够通过不同的路径传播,从一个地方达到另一个地方,正是由于这种分散式的体系结构使得互联网能够发展到今天这种强大的状态使政客们对这个网络表现得无能为力,他们无法通过法律或者暴力等途径对其进行控制。民意,即民众的意识以及意愿,是群众最基础的心理表达。要想了解人民群众对社会以及政府或者国家政策的看法,必须对民意展开真实有效的调查。作为民意的升级版,舆论是人民群众态度与意见的表达,是多种针对社会热点话题或者某一事件发表的带有个人感情色彩的言论通过碰撞交流而逐渐形成的多数人的一致意见。主流媒体,无论是丰富的人才资源,还是庞大的信息资源以及强大的品牌优势,都是其他媒体难以企及的。在人们获取信息的媒介发生了重大变化的情况下,主流媒体适应这种变化,有针对性地满足受众的需求,加强引导,正确引导舆论的能力就能得到进一步增强。

三、新媒体环境下提升主流媒体舆论影响力的对策建议

(一)促进传统媒体与新兴媒体的融合发展

新兴媒体的迅猛发展是伴随着科技的迅速发展而形成的,它不仅给传统媒体带来挑战,对其形成倒逼之势,而且是占领舆论场的必然要求。主流媒体必须加强技术建设,

充分利用好现代大数据、云计算等技术,对舆论动向做好分析,做到信息推送及时准确。必须处理好"借力发展"与"改造创新"的关系,在积极引进新技术新平台的同时,对传统技术传统平台做出适应时代要求的改进。媒体融合,必须以先进技术做保障,把主流媒体的内容优势转变为新媒体环境下的发展与话语优势,完成对新型主流媒体的构建,赋予其网络影响的能力。随着主流媒体在媒体融合方面的推进,使得主流媒体的专业技能与经验优势进一步彰显,舆论引导能力和影响力进一步增强。

(二)加强对传播策略的研究

当今网络的迅速发展,使得新闻网站逐渐成为网络传播的主力。然而,通过对网络新闻流量进行统计分析可以发现,社交软件中的新闻流量占了很大比例,网络舆论的热点多集中于一些商业网站的微博平台、论坛。新闻网站必须考虑如何吸引网民注意力,充分发挥自身的品牌优势,真正在市场竞争中占据优势,从而更好地引导网络舆论。把传统媒体的管理模式应用于网络媒体,显然有诸多的不适,从长远发展的角度看,必须尊重新媒体的运行规律。针对网络的信息,要做到第一时间公布,对事件做出真实准确的报道,确保其权威性,并及时回应公众关注的问题。要加强与公众的沟通,加大正面宣传力度,对于网上热点敏感舆论,要加大调控力度,注重做好网络评论。

(三)保留网民的议论空间

我国正处在深化改革的关键期,社会中各种矛盾不断出现。特别是教育与医疗卫生等与广大群众紧密相关的领域存在的问题,如果不能采取有效措施加以解决,并加以正确的舆论引导,很容易使矛盾激化。这时,新型主流媒体的作用便显现出来,必须加强引导,及时疏导社会情绪,推动问题的解决。主流媒体在舆论引导过程中,一定要确保民众言论空间,要通过保障言论空间不断提升社会公众对舆论、对未来的信心。

(四)提升媒体人的职业素养

分析新媒体环境下出现的各种问题,从媒体自身的角度分析,与媒体人职业素养息息相关。为此,媒体人必须加强学习,掌握各方面专业技能,不断提升自身素质,做一个全媒体复合型人才。只有媒体人具备了良好的职业素养、高超的专业水准,主流媒体的自身实力才能够真正得到提升,其影响力也才会随之增强。

新媒体环境下,主流媒体的舆论引导面临着来自多方面的压力与挑战,我们必须适应新的形势,通过推进媒体融合、加强传播策略研究、提升媒体人的职业素养和专业水平,多措并举,发挥好主流媒体的舆论引导作用,不断提升主流媒体的舆论影响力。

第六章 融媒体时代媒体参与社会治理传播机制创新

第一节 县级融媒体中心在社会治理中的功能

一、现代治理体系对媒体的内在需求

基层是社会治理的基础,是加强和创新社会治理的出发点;基层既是利益冲突和社会矛盾的源头,也是协调利益、避免社会矛盾的关口。加强县域治理能力建设是造福一方的现实需要,也是引领国家治理体系和治理能力现代化的基础工程。随着新的通讯手段的出现,社会自治的兴起和文化多元化的发展,治理体系也从单一化向多元化转变。在这些新要求的背景下,动员尽可能多的社会党派参与其中尤为重要。另一方面,区级的综合媒体中心在地方上发挥着社会治理中心的作用。它们既是公民诉求流畅规范表达、利益协调和权益维护的有效渠道,也是解决公民矛盾的重要渠道,更是社会治理转型和公民治理能力提升的重要途径。

2018年8月,习近平总书记在全国宣传思想工作会议上指出,"要扎实抓好县级融媒体中心建设,更好引导群众、服务群众"。这为县级融媒体中心参与基层社会治理指明了

方向,提出了要求。《县级融媒体中心建设标准》提出,"融媒体中心要从单纯的新闻宣传向公共服务领域拓展,提供媒体、党建、政务、公共和增值等五大类服务"。这进一步明确了县级融媒体中心的发展路径和社会治理功能。县级融媒体中心具有鲜明的本土特征,与县域内人民群众最为贴近,在当前社会治理环境和形势错综复杂的情况下,它不仅仅是媒体的基层单位,同时也构成了国家开展社会治理的基础。特别是以信息传播、舆论引导、社会动员为核心能力的媒体,可以减少基层社会冲突、增强民众凝聚力,能够匹配信息时代网络空间背景下社会治理的诉求。

在政治逻辑、社会逻辑及媒体逻辑的驱动下,县级融媒体中心的主流舆论阵地、综合服务平台、社区信息枢纽这三大融合功能应运而生。其中,"主流舆论阵地"是指通过整合县域内的所有媒体资源,建设成为县域新闻传播和舆论引导的重要力量,以维护基层的意识形态安全;"综合服务平台"是指在整合县域各类政务网站等体制优势资源的基础上,打造向当地人民群众提供包括政务服务在内的各类本地化服务的平台,以提升媒体服务性,从而增强用户黏性;"社区信息枢纽"是指积极实施下沉战略,进一步下沉到社区、街道、农村,搭建当地社区信息交互、相互促进的空间,从而制造共识、增进社会认同。下面将借助案例分析,着重探究县级融媒体中心如何实现这三大功能。

在政治逻辑、社会逻辑和媒体逻辑的驱动下,建立了三个 体化的县级融媒体中心——舆情联络点、综合服务平台和社区信息中心。"主流舆论阵地"是指整合县域内所有媒体资源,建立县域内新闻传播和舆论导向的主力军,维护最基层的意识形态安全;"综合服务平台"是指整合县域内各类政府企业网站等机构优势资源,建立为当地居民提供包括政府企业服务在内的各类本地化服务的平台,提升媒体服务供给能力,从而加强用户吸引力。"社区信息枢纽"指的是积极实施社区信息中心战略,继续进入社区、街道和农村,创造互动空间,相互促进当地社区信息,从而建立共识,加强社会认同。下面的案例研究将重点讨论县级综合媒体中心如何实现这三种功能。

二、核心功能:主流舆论阵地

县级融媒体中心的主流舆论阵地功能主要由政治逻辑驱动,统率其他所有功能。面对基层改革发展的复杂化、社会思想意识的多元化以及县级媒体格局的变化,县级融媒体中心发挥其作为主流舆论阵地的社会价值,进行社会舆论引导、社会舆论监督和社会教化。

(一)联通上下以掌舆论引导主动权

舆论引导是县级融媒体中心作为主流舆论阵地的第一位功能。县域作为舆论传播的最后一公里,也是舆情事件高发区域。县级融媒体中心是监测和规避危机舆情事件的重要平台和机构,肩负着县域社会治理的重任,需要及时收集和获取群众对公共事件的态度,并发挥权威媒体的公信力、影响力和引导力,做好群众情绪的疏导、解释和引导工作。目前,县级融媒体中心正在通过联通上下,不断将舆论引导工作规范化、常态化,从而掌握舆论引导主导权。

一方面县级融媒体中心通过在内部形成一套制度化的、可变通的舆论引导和舆情应对机制,提高舆论引导能力

第六章 融媒体时代媒体参与社会治理传播机制创新

与效率。具体来说,一是借力中央或省市级媒体,在其区域统一规划的整体布局中,通过其融媒体技术平台,充分挖掘县域内有效舆情数据,掌握本地民生关注焦点,分析舆情易发领域,制定科学可行的舆情应对方案。比如,江西分宜融媒体中心借助"赣鄱云"搭建舆情监测平台,对全国范围内涉及分宜县的网络媒体信息进行采集,进而了解该县在网络上的舆情情况以及时发现舆情热点,从而服务于新闻生产与舆情引导工作。二是培养具备高素养的舆情应对人才,组建舆情治理专家小组,对县域网络空间舆情事件处置给予指导,将舆情处置关口前移,化解社会矛盾,维护社会稳定。"居安思危,思则有备,有备无患,敢以此规",如此,即使面对突发基层舆情事件,县级融媒体中心也能通过监测到的完整信息,掌握舆情事件中的因果关系与舆情走向,从而抢占话语权,进行权威发声以掌握舆论引导主导权。

另一方面县级融媒体中心立足基层,通过践行"群众路线",依靠人民群众做好舆论引导工作,走出具有中国特色和地方特色的基层舆论引导之路。

(二)以对等沟通加强舆论监督力度

为了促进社会的有序运行,不仅要想方设法安抚和疏导群众的情绪,同时还要加强新闻媒体对权力的有效监督。无论是在哪个国家,在何种制度下,行使对政治权力的舆论监督都是媒体重要的政治功能。

现阶段,随着城镇化的推进,发展不平衡问题凸显,同时,县域基层涌现出不少权力贪腐问题,损害了政府公信力,增加了群众的不信任感。县级融媒体中心作为县域社会治理的主体,是群众了解事态发展的窗口,当它介入到事件当中，又会对问题的解决起到推动作用，故而，其对基层权力的监督尤为重要。以"扫黑除恶"为例，一方面县级融媒体中心通过宣传，动员群众参与到监督举报行动中，另一方面深入基层灰色地带，报道揭露黑恶势力，推动政府实现内部整顿，维持政治清明、社会和谐。

除了媒体监督，群众监督也是重要的舆论监督方式，媒体在其中更多地扮演协调者与引导者的角色。北京丰台区融媒体中心与新华社北京分社合作探索建立丰台区新闻发声人制度，引导基层群众为自己发声，与政府部门的新闻发言人相区别，新闻发声人大都是一些普通的热心群众，他们监督基层社会问题，传递社区人情温度。目前，丰台区已选拔并培养了近300名发声人，在基层建立起一支"靠谱的"的群众监督队伍。县级融媒体的这种创新举措进一步唤醒了"人民当家做主"的主人翁意识，真正发挥了群众的监督权利，也让群众直接参与到社会治理之中。

此外，互联网为群众对政治权力与其他社会问题的监督提供了技术支撑，在乌坎事件等多起基层维权事件中，群众通过论坛、自媒体等平台，迅速聚集形成网络临时组织，表达共同的利益诉求，舆论高涨引发社会关注，促使基层政府正面回应并解决群众关心的问题。在此过程中，媒体为群众搭建起对等沟通、互动交流的舆论监督平台，进一步引导群众合理合法地进行舆论监督。现在，不少县级融媒体中心在其移动端开辟了监督栏目，用户可在其平台上直接进行问题曝光，相关部门或领导针对问题及时作出回应。比如，江苏邳州"银杏甲天下"App开设"问政"栏目，提供咨询求助、投诉举报、建议意见三种服务，并且直接连接到各

第六章 融媒体时代媒体参与社会治理传播机制创新

部门、各镇、各街道,以促进问题解决。

(三)建移动传播矩阵扬主流价值观

目前县域舆论格局复杂多变,其中最大的变量也是地方自媒体。除了各类政务自媒体外,不少由社会团体、企业乃至个体搭建和运营的自媒体平台也应运而生,一些地区甚至出现了以新媒体运营为主业的内容矩阵公司,它们不仅分食了县域体制内媒体的内容流量与广告资源,还造成了谣言、色情、暴力等负面内容的泛滥,严重破坏县域舆论生态,干扰了舆论良性格局的建构。由于体制机制及传统媒体思维束缚,县级传统媒体的影响力远不及这些地方自媒体,终端多元化、移动化的发展进一步消解了其"在地化"优势。但不可否认,传统媒体具有社会守望和社会教化的重要价值。为了减弱这些流量下沉带来的负面影响,县级传统媒体通过建设县级融媒体中心打造强有力的移动传播矩阵,弘扬主流价值观,确保基层意识形态安全。[1]

在具体的实践中,首先,县级融媒体通过整合县域新媒体资源,搭建起综合微博、微信、客户端、短视频等移动端的统一名称的传播矩阵。其次,策划生产适应于基层用户及传播终端的精品内容,包括对时代精神、民族精神、地域精神等主流价值观的本土化报道及惩恶扬善的报道,北京昌平融媒体中心在其移动客户端开设了"为榜样点赞"栏目,通过对道德模范的报道弘扬了社会正能量;邳州融媒体中心"银杏甲天下"App开展了"创文进行时邳州在行动"特别策划,设置了"曝光台""公益宣传""点赞"等专属栏目,在树

---

[1] 尹靖. 社会治理视域下县级融媒体中心发展研究[D]. 长沙:湖南大学,2020.

新风、扬正气方面发挥了重大作用。此外,县级融媒体中心在内容生产上还借力上一级媒体,以把握正确舆论导向,增强传播力与影响力。以北京丰台区融媒体中心为例,其与新华社北京分社探索"中央媒体+县级融媒体中心PGC合作模式",从2018年12月至2019年4月底,围绕重大主题提前策划,聚焦身边榜样以传递正能量,推出20个短视频产品,浏览量全部突破100万。可见,县级融媒体中心正通过方便快捷、生动有趣的传播形式,进一步推动主流价值观在基层的传播,同时,县级融媒体中心也成为加强乡村精神文明建设的重要抓手。

三、主要功能:综合服务平台

县级融媒体中心的综合服务平台功能是社会逻辑主导下的融合功能,也是其立足基层的主要功能。面对基层群众、党政部门、社会团体、企业等,县级融媒体中心作为综合服务平台,通过加强连接开展集成式政务服务,互联互通、聚焦场景化生活服务,加强合作推进本土化增值服务。

(一)加强连接开展集成式政务服务

政务服务是县级融媒体中心必须开拓的一项重要功能。一方面,我国人口基数和政务服务需求较大,截至2022年12月,我国在线政务服务用户规模达9.26亿,占整体网民的86.7%。另一方面,我国政务信息化体系建设不完善,目前,社保、税务、质监、工商等信息系统虽已建设完成,政务信息"信息孤岛"仍然存在,这加剧了办事流程的复杂化。因此,县级融媒体中心开展集成式在线政务服务尤为重要。

目前,县级融媒体打通了与政府部门的关系,利用大数据、云计算等新技术将县域内的政务信息孤岛连接到一起,提供各种各样的便民服务项目,构建系统化的政务服务体系。甘肃玉门融媒体中心通过"爱玉门"App搭建起在线政务服务平台,当地群众可以在该平台办理生育收养、户籍管理、劳动就业、理财纳税、社会救助等一系列原先需要在不同部门现场办理的业务。同时,企业也可以通过该平台办理相关业务。更为重要的是,平台还为用户提供了"办件查询""我要咨询""智能问答""我要投诉"功能,方便其业务办理,更利于实现办事"最多跑一次"。各个部门则集成、共享县级融媒体收集的用户大数据,进一步提高了政务服务的安全和效率,同时也实现了为基层干部"减负"。

此外,县级融媒体中心在新闻发布与政务公开方面也大有可为,一方面通过充分发挥新闻媒体社会传播作用,及时发布信息、引导社会舆论、做好政策解读,另一方面及时发布各政务部门的日常动态、通知公告、法律规约、政策条文、办事电话等政务信息。

(二)互联互通聚焦场景化生活服务

场景原指戏剧、电影中的场面,后被引入到媒介研究领域。在建构场景的过程中,移动设备、社交媒体、大数据、传感器和定位系统是不可或缺的五种技术力量,即场景五力,移动互联网所营造的内容场景可以帮助用户获得前所未有的在场感。县级融媒体中心既汇聚了县域内的所有信息,又连接了地理社区和网络社区的,在此基础上,建构起基于用户使用的县域、媒介、心理等场景,具备实时性、社交性、服务性、个性化和在地化的特点,其服务的实质则是对用户生活场景中的需求提供适配服务。具体来看,在地理位置上,相较于国家级、省市级媒体,县级融媒体中心更贴近地方社区与当地百姓的生活场景;在媒介技术上,县级融媒体具备场景五种原力所要求的相关技术。因此,县级融媒体中心不仅要而且能实现线上线下的融通,通过打造生活化的场景,为当地群众提供各式各样的生活服务。

就现实使用场景来说,首先,县级融媒体移动端利用定位系统、传感器和大数据连接用户,根据用户需要实施精准化的、适配性的实用生活服务,比如,"北京昌平"App设置了"便民地图"版块,囊括了航班查询、机动车限行、末端配送、美容美发等多项个性化服务。其次,县级融媒体中心汇聚各类地方性资源,对本地文化、旅游、教育、商业等资源进行二次开发和运营,比如,浙江兰溪融媒体中心就通过网络、电视、新媒体等发布就业信息,实现"零接触""不见面"沟通,为数十家企业解决了上千名用工需求,同时,还与兰溪各中小学合作,邀请骨干教师录制一批中小学校自主学习课程,做到"线上学习"。再次,县级融媒体中心依托旗下品牌资源,开展各类文化活动,满足群众社会性需要,比如,江西分宜融媒体中心以"文化活县"战略为契机,组织开展各式各样的文化活动,为群众献上了丰富的"文化大餐"。此外,县级融媒体中心还在适配用户生活场景的基础上,通过村村响广播、户外LED屏、免费Wi-Fi等公共设施将其触角延伸至县域社会的各个角落,将其服务功能与用户日常生活融合,进一步打造相互交融的用户生活场景。

就虚拟使用场景和现实增强场景而言,这需要县级融媒体综合利用社交媒体、数字技术、VR(虚拟现实)技术、AR(增强现实)技术等,为用户营造现实性的虚拟空间,使用户体验到面对面的、立体的、三维的场景服务,提高用户场景沉浸感与真实感。目前,县级融媒体中心对以上场景的使用大都处于探索阶段,多应用于对风景的展示,比如江苏邳州融媒体"银杏甲天下"App的"VR全景看邳州"等。但不可否认,随着新兴技术的发展与下沉,虚拟使用场景和现实增强场景也将为县级融媒体中心服务群众带来便利。

(三)加强合作推进本土化增值服务

县域经济的发展对促进乡村振兴、提高城乡居民收入、提高群众生活水平具有重要的基础性作用。然而,当前我国县域经济发展面临一二三产业比例失衡、经济增长与生态环境保护失衡、城乡发展与区域发展失衡等问题。国家完成农村改革发展后,县级融媒体中心应势而动,充分利用互联网、大数据、云计算、人工智能等新兴技术改造升级现有产业,通过自身的增值服务带动本地经济发展,推动县域基层加快融入信息时代,释放数字红利和人口红利。

当然,县级融媒体中心之所以能够推进本地化增值服务,进而促进县域数字化经济发展,主要在于其具有三力:其一,背靠政府,具有公信力;其二,依托县级融媒体平台,具有影响力;其三,整合县域资源,具有统筹能力。同时,增值服务也成为县级融媒体发展的驱动力。在这样的背景下,县级融媒体开展增值服务既是应然也是必然。

事实上,不少县级融媒体中心正在探索与他方合作开展包括电子商务、广告运营、区域运营、文化旅游等在内的多种本土化增值服务。以电子商务为例,一方面,县级融媒体中心能够与中国邮政集团公司、中粮集团等国有企业合作,发展特色农村电商,或者与阿里巴巴、京东、拼多多等互联网公司合作,发展成为其电商战略的县域支点;另一方面,县级融媒体中心也可以在其移动端建设电商平台,吸引本地商家入驻,不仅能够为用户提供购买服务,还能为商家进行宣传推广,进而产生增值。江苏邳州在第二条电商路径上提供了可供借鉴的经验,其在"银杏甲天下"APP的服务版块中植入"同城好店"栏目,该页面汇聚了餐饮美食、休闲娱乐、购物天地、教育培训等多重服务供用户选择。这种合作共赢的方式,使县级融媒体中心在为用户和企业提供便利的同时,带动地区经济增长,扩大自身盈利空间。

另外,县级融媒体中心翻开"直播带货"篇章,为当地群众提供技术与宣传平台,培养地区领导、农民成为主播,直播场景也从演播室延伸到商场乃至田间鱼塘,各种各样的农副产品成为畅销货物。这种新型的营销模式不仅增强了县级融媒体的知名度和影响力,更助力盘活地方经济的"一池春水"。

四、基础功能:社区信息枢纽

县级融媒体中心的社区信息枢纽功能由媒体逻辑主导,是其作为基层媒体的本位功能,也即基础功能。一方面,县级融媒体中心是专业的内容生产者,深耕基层新闻,宣传惠民政策,凸显地方特色;另一方面,它又是信息聚合平台,聚合本地信息,满足用户需求,增强用户黏性。此外,县级融媒体中心还通过吸引用户参与,引导基层网络社群建立与发展,从而增进社会认同。

(一)深耕基层新闻凸显地方特色

随着城镇化的推进、乡村振兴战略的实施、县域基层网民的崛起以及媒体融合的纵深发展,县域成为关注焦点,基层新闻报道也更加常态化,不少主流媒体向街道、社区、乡村等较小的区域发力,提供有关地方民生、文化、娱乐、发展等在内的各类动态新闻,以满足当地百姓对地方信息的需求。然而,相较于中央、省市级媒体,县级融媒体中心在县域基层新闻生产与传播上拥有不可比拟的"在地化"优势。

一方面,县级融媒体中心深耕基层新闻,将党和国家声音有效地传入寻常百姓家中,使国家的政策与部署深入人心。为了宣传乡村振兴战略,浙江云和县融媒体中心则开展了"深入'走转改'聚焦'乡村振兴'"采访活动,将采编人员分为4路,走进4个典型村庄,采写了一批有深度有温度的主题报道。县级融媒体中心通过深入基层,利用图文、短视频、直播等多种形式展现乡村振兴的美好图景,实现了良好的传播效果和社会效益。

另一方面,县级融媒体充分利用本地的优势与特色资源,整合地方政治、经济、文化、民生、娱乐等相关内容,将自身打造成百姓"天天都要用"的本地化信息平台。比如,江苏邳州融媒体客户端"银杏甲天下"在其新闻主页设有本地、城事、发布、视频、图说、H5、VR、悦读、悦听等板块,以多元化的信息形式承载丰富多样的本地信息内容,既凸显了地域文化与特色,又满足了县域用户的多样化信息需求。

此外,在凸显地方特色方面,县级融媒体极具特色的科普宣传不得不提。在江苏徐州,各县级融媒体中心充分结合地域特色,积极创作快板、坠子、大鼓、三句半、徐州琴书、民歌等群众喜闻乐见的文艺作品,通过接地气的内容强化对各项工作的宣传,将党和国家的声音传达给当地群众。

(二)聚合本地信息满足用户需求

信息聚合就是利用大数据分析、云计算等先进的技术手段,将各个渠道、不同平台上的信息进行汇总,通过进一步地筛选、核实、加工,聚合到一个全新的网络平台上,以供用户选择,达到满足其信息需求的目的。目前,以今日头条、一点资讯、ZAKER等为代表的新闻资讯类App的信息聚合模式可供县级融媒体借鉴。在专业人员与采编技术有限的条件下,县级融媒体中心通过搭建移动信息平台,聚合各方本地信息,以满足用户多样化的信息需求。

使用与满足理论认为,每个人都有着特定的需求,他们接触媒介的目的是满足个人需求,而这种需求和社会因素、个人心理因素有关。另外,由马斯洛经典五层需求理论可知,用户通过接触县级融媒体是为了满足自身的生理需求、安全需求、情感需求、尊重需求和自我实现需求。如何满足?除了县级融媒体本身提供的各种功能性服务外,其作为信息平台,通过聚合和传播各类信息也在一定程度上满足了用户以上需求。比如,聚合关于房屋租赁、就业招聘、交通出行等的信息满足用户生理需求,聚合食品安全、医疗卫生、生态环境等的信息满足用户安全需要,聚合关于情感、娱乐、科普等的信息满足用户更高层次的社会性需求。

目前,不少县级融媒体中心发展了具有信息聚合功能的移动客户端,比如,甘肃玉门"爱玉门"App,湖南浏阳"掌上浏阳"App,河南项城"云上项城"App等。然而,相较于专业型的新闻聚合App,县级融媒体中心建设的移动客户端仍然以内容的聚合为主,缺乏个性化的推荐,导致推送内容同质化现象严重。可见其在一定程度上仍是传者主导,由编辑决定信息的选取、媒体主导新闻的发布。这与县级融媒体中心的政治定位、技术条件以及传统媒体思维不无关系。在县级融媒体中心发展的初级阶段,以上做法可谓明智,表现了媒体对于用户的引导,但随着用户自主性的增强与选择范围的扩大,媒体势必要转变策略、放开手,让用户掌握信息选择权,为用户定制信息"自助餐",从而增强用户黏性。

(三)吸引用户参与增进社会认同

伴随着用户文化在移动互联网环境中的兴起,媒体融合必须关注用户、更关注用户生产的内容。县级融媒体中心搭建的社区信息交互空间少不了用户内容生产与交流互动。因此,县级融媒体中心必须想方设法吸引用户参与,并且引导用户生产具有一定水平的内容,构建健康有序的传播生态体系。

除了鼓励用户参与问政、爆料以及提供新闻线索等,一些县级融媒体中心还通过建立网络社区,吸引用户参与,进而释放用户的生产力。"社区"作为一个空间概念,是在一定地区域内定居生活的人所组成的社会共同体,有着明确的地域性空间特征。随着城镇化的推进以及互联网在中国乡村的普及,县域空间变"小"了,整个社会的空间体验与空间结构在不断改变,以致人们常常出现"世界就这么大"的错觉。基于此,县级融媒体中心通过移动互联网建立交互频繁、沟通顺畅的县域网络社区成为可能。

县域网民作为社会底层的群体,最初他们是以个体化的、分散的身份进入网络空间的,逐渐的个体在自身需求或利益驱动以及外力的推动下,自主地或者被动地与其他个体或者群体产生联系,形成一些网络群体或组织。现在,县级融媒体作为社区信息枢纽,就要在现实社区的支撑下,将这些具备共同地源、语言、文化、组织结构的用户引导到统一的网络社区中,并充当协调者或管理者制定相应的社区规则,以维护社区成员利益,使他们在相互交流与沟通中增进对社区乃至社会的认同。

  在具体的操作中,县级融媒体中心通过在其移动客户端设置社交版块,插入个人信息发布、评论、转发等功能,组建网络社区,吸引用户加入并参与互动。比如,江苏邳州融媒体"银杏甲天下"App就在其主页面设有"大邳圈"这一功能,类似于微信朋友圈和QQ空间,用户可在"大邳圈"进行动态发布,浏览最近的"大邳圈",以农民秋收、志愿活动、村容村貌等为主题的动态展示了"大美邳州",点赞与好评表现了用户对家乡的认同。此外,不少县级融媒体中心还依托其他社交平台,发展社区式关系网络,比如,创建QQ群、微信群等。在日常的生活和工作中,融媒体网络社区在许多方面都能够发挥重大作用,比如广州市区融媒体中心依托微社区e家通,深入街道,不仅将基础健康知识、个人防病技巧等信息快速有效地推送给当地社区群众,还组织了线上的志愿者网上直播课程,承办"最美逆行者"故事汇系列宣讲,邀请群众讲述身边温暖人心的鲜活故事,进一步增强了人们注重健康的意识。可见,相较于孤零零的新闻报道,这种重在用户参与的微社区模式更能增进群众感情与社会认同。

第二节 县级融媒体参与社会治理的创新路径

一、县级融媒体赋能基层治理的多元路径

县级融媒体因其地域和资源优势，能够渗透到村、到户，在"地方感"的营造上能够发挥出自己独特且不可取代的作用，具有贴近性、温暖度的"地方感"，能够让当地群众（用户）产生更深的情感认同和信任链接。浙江省湖州市长兴县融媒体中心入选2021全国县级融媒体中心能力建设十大典型案例。长兴县融媒体中心从用户思维出发，从打造主流舆论阵地、综合服务平台、社区信息枢纽和数字化改革先锋等方面入手，多元化参与社会治理，不仅打通媒体融合的"最后一公里"，也为基层治理提供了媒体助力。

（一）强化主流舆论引导

推动政务信息的精确传达能更好地连接政府与人民，将执政理念润物细无声地渗透到百姓心中。长兴县融媒体中心每年围绕县委、县政府中心工作推出重大主题报道，项目攻坚、民生实事、共同富裕等，确保月月有专题、周周有深度、主题宣传出新出彩，通过报、网、声、屏多种渠道，向用户传递县委、县政府的权威声音和发展为民的给力举措。新闻作品以小人物小故事为切入口，让大主题可亲、可近、可感，以情动人。在当前的媒体格局下，尤其注重新媒体端的传播，全面实施移动优先，推动主力军全面挺进主战场，自主研发"新闻+政务+服务"的客户端，坚持丰富多元的传播

形态、新闻、活动、直播等多个板块分别呈现各自的精彩,有效提升新闻的即时性、可看性。既上接"天线",又下接"地气",做好正能量的传播器。

(二)搭起干群连心桥梁

县级融媒体中心是基层群众的信息交流平台和情绪沟通桥梁,连接千村万户,深刻影响基层舆论格局。它能切实发挥畅通民意诉求的作用,将矛盾化解在萌芽状态,很好地起到推动基层社会治理转型与治理能力提升的作用。

第一,协调帮忙,化解矛盾。民生栏目《小彤热线》是浙江省新闻名专栏,对一些社会矛盾和纠纷问题进行现场采访调查、后续跟踪报道。本着解决百姓诉求、促进社会和谐的原则,严谨、全面、客观、公正、理性进行报道。记者在采编过程中,是记录者,是调解员,也是引导人。既协调帮忙解决麻烦事,又尽可能呼吁倡导理性平和,以媒体应有的社会责任感促使事态向有利于社会公众、有利于大局的方向转变。

第二,网络求证,树立权威。当前传播主体日益多元化,传播渠道逐渐多样化,公众舆论已形成社会舆论场、媒体舆论场、网络舆论场等多个舆论场。一方面是良莠不齐的观点,另一方面是资讯繁多充斥耳目,真实性成为用户遴选信息的重要标准之一。长兴县融媒体中心全媒体平台推出《求证》栏目,及时还原报道事件真相,消除虚假消息造成的负面影响。我们将"真实力量"的媒体价值观直接推向前台,清晰传递媒体价值理念,推动大众话语回归理性。

第三,草根监督,创新管理。长兴县融媒体中心与县文明办密切合作,整合各方资源,发挥社会力量,创建了一支由热心市民组成的"市民督导团"。督导团成员不辞辛苦，走街串巷，发现和反映身边的感动与温暖，弘扬社会文明新风尚；积极开展舆论监督，鞭策和改进各类不文明现象；热心沟通协调，帮助百姓排忧解难。2010年来，"市民督导团"共查找各类不文明现象2400多起，发现和弘扬各类文明好现象1500多件，调解各类纠纷或问题2000多起。"市民督导团"的推出，不仅满足了人们需要排忧解难式帮助的需求，更满足了大众需要正义、良知、温情、启发、思考等更高层次的精神需求。

（三）激发向善向美力量

温度是媒体的责任担当和情怀追求。多年来，长兴县融媒体中心积极搭建平台，让有资助能力的爱心企业和商家，通过自己的方式回馈社会，也让更多的受困家庭和个体感受到社会温暖，用媒体的力量引导社会价值取向，向上向善，向暖而行。2008年底，推出了大型新闻行动——《温暖》。2020年，又升级为《送给亲人》大型公益活动品牌。发起第一季活动线上募集爱心物资价值60万元，持续85天给疫情期间执勤卡点人员送上食物和物资，参与的爱心志愿者1200多人，累计慰问人员5000多人；第二季爱心捐衣活动共募集到衣物超10吨，发往河南、四川等贫困地区公益行动将爱心汇集，形成一股强大的社会力量。同时，还通过"受助+助人+互助""奉献+积累+回报"的慈善帮扶模式，成功搭建了媒体牵线、全民参与、互助帮扶的公益慈善平台，让慈善奉献成为一种风尚，让帮扶友爱成为一种习惯，积聚社会正能量。

(四)构筑掌上便民生活圈

持续深化"一件事"集成改革,推动各类场景化办事应用"一端"集成,打造"掌上办事"平台。升级"掌心长兴"客户端4.2版本,开通政务通网上办事业务250余项,建设包含居民诚信指数评价、垃圾分类、景区导航、云上律师、生活缴费等100多项热门应用。2021年,"掌心长兴"客户端还被列为浙里办同源发布首批试点。通过"直通浙里办",进入浙里办服务专区,享受申领、更换身份证、户口登记和迁移等6700多项浙里办服务。在"标配"套餐之外,掌心长兴客户端还开设"文明随手拍"板块,增强群众在本地建设中的参与感和获得感。通过推广"掌上办事",进一步打开基层治理新局面。

(五)创新智慧服务体系

聚焦群众、基层迫切需要解决的问题,从最需要改革破题的高频事项着手,借助数字化改革东风大力推进智慧项目建设,为长兴全面打造数字化改革新高地提供坚实有力的支撑。

首先,聚焦痛点,管理提速。独立研发集档案管理、场景运用、季度公示为一体的"文明诚信码"综合管理平台,采集个人荣誉、捐款、献血、志愿服务的正向数据以及行政处罚、失信人等反向数据,建立文明诚信档案,并以行政村、社区为管理单元,实行"一户档一码"管理、"一季一评用",评选出的文明示范户能享受贷款优惠、购物打折、免费体检等,让"有德者有得"。目前,已实现60余万长兴户籍人口文明诚信档案数据互联互通,该系统入选2020年浙江省"观星台"优秀应用。当前国内外疫情防控形势依然严峻,及时研发升级"未来景区安心玩"场景应用,对每天入住太湖图影旅游度假区的游客进行数字化有效监测,仅需输入游客信息,即可在图影综合指挥中心大屏幕上实时显示游客数量、三色健康码等信息。根据相应数据分析,实时反馈防疫信息,提高疫情防控效率。

其次,乘数效应,智慧管理。主动承接长兴县吕山乡"乡村大脑"项目,在龙溪村试点开发未来乡村系统智慧龙溪APP,在村一级设立分中心,将群众需求集成在一个二维码中,推进"四个平台"力量下沉到村级以解决群众诉求。目前,已整合乡村治理和部分便民类信息化应用15个,归集和共享39类9421条数据,有效协同处置各类事件150余件,事件平均办结率提升至90%以上。参与齐北社区"未来社区"建设,打造家关注、家记忆、家地图等多个应用模块,协助推进"邻里帮""健康宝"等应用场景软件开发。目前,已初步打通智慧云、志愿服务云、两慢病管理系统等3大智慧管理平台,实现了10多个场景多跨协同应用。

二、以传播本土产品为抓手,发挥社会引导功能

县级融媒体中心具有本地特色,和区域内民众较为接近,也颇受民众信任,在推动基层治理上具有自己的优势。与央媒、省媒、市媒比较,县一级传媒的规模、资源、技术等,均无法相比,因此差异化发展是其寻找自我存在价值的必然需要,而在此过程中,做草根的、接地气的新闻与业务工作,疏通基层治理毛细血管,折射平凡小人物身上的光芒,则恰恰成了其有"温度"有"灵魂"的魅力所在,也从而为中

华大地政通人和的社会图景添上了质朴而丰富的颜色。①

（一）以平台为载体，提升基层社会治理信息化

在媒体融合具体实施中，县级融媒体中心（传媒集团）不但融入了本县报刊、广播和网络，而且有的还纳入了区县新闻宣传信息中心、地方政府各部门的政务新媒体等宣传资源。既保留传统媒体的专业性和权威性，又拥有面向用户平台所特有开放性的数字内容实体，从而具备了"开放、灵活、整合、服务"的属性，成为典型的"平台型媒体"。

当前，一方面是移动互联网的快速迭代，另一方面新发展格局对系统观念有了新要求，媒介传播格局将加速重构。鉴于此，县级融媒体中心应彻底打破传统媒介之间壁垒，进一步优化和再造采编播生产流程，积极构建"全程、全员、全息、全效"的媒体传播新格局，并通过现代信息技术将传统媒体和新兴媒体聚合在一起，最终实现你中有我、我中有你、相互交融的局面。今天，它的定位不仅是单一的舆论阵地，而且借助矩阵流量和社会资源整合力量，作为提高地方政府执政能力和管理水准的主要载体。例如，安吉县融媒体中心通过体制改革、业务流程优化、平台再造，完成了对各类媒体资源、文化生产要素信息的高效集成，并创造性地将媒体产品信息资源开发、为公众文化服务、城市大脑建设、社会综合治理、公共应急指挥与大数据中心建设、跨区域产业联盟等融合，发展，探索出县级融媒体中心建设的"安吉模式"。各地的县级融媒体中心近两年纷纷以平台优化为主攻方向，建立多元主体间耦合互动网络，发挥沟通

---

① 孙建军. 新发展格局下县级融媒体参与基层社会治理的路径探讨[J]. 记者观察，2022(06)：136-138.

力、协作力。通过平台终端深度融合与智能场景再造,优化纵横联动网络,实现上联党委政府、中接多元治理主体、下达普罗大众,提升多元主体间的关系黏度与协同配合沟通能力,有效推动基层社会治理信息化。

(二)以内容为根本,推动基层社会治理专业化

随着自媒体的兴起,我国县域传播结构中的被动性传统受众已经转变为能动性的数字用户,特别是短视频技术引发的日常生活信息生产的勃兴,乡村场景史无前例地涌入到整体的社会传播结构中,持续改变着过往主流媒体、城市场景的垄断状态。县级融媒体中心首先要正视基层参与传播的现实,更加注重内容生产这一基础,通过加强政治导向,以文化为主线,汇聚同心共识,持续改善内容产出的品质。用"本地方言"讲好基层故事,尽最大努力满足民众对获得高品质内容与资讯的要求,进一步提升当地民众满意度、幸福感。

《卡布罗公民报》总编柯克曾形象地将大众性的报刊上刊登的新闻报道叫作"落地伞新闻报道",含义就是在类似全球性或大地区性的新闻报道中,一般阅读群体就犹如地板上的小点,个体在这里处于隐身状态;而对社区报纸而言,则能够深入每一条街巷,呈现鲜活个性;而这样凸显个人存在和自身价值的社会新闻报道,也被叫做"电冰箱新闻报道",含义是社区居民会将报刊上有关家庭、亲友的新闻报道剪下来,贴在家里的电冰箱上,因为那是与他们贴得最近、最富有"同气相求"意义的新闻报道。县级融媒体的从业人员,因生活圈和工作圈之故,往往自觉不自觉地将新闻的触角探入飘着"烟火气"的市井生活中,并常常使用本地的方言进行表述,让新闻更加鲜活,更加贴近群众。如象山县传媒中心的一档《夜倒讲白搭》栏目就颇受欢迎,内容主要由当天的民生资讯与趣事所组成,由播音员用象山话讲出来,与听众交流,极具亲和力,深受当地观众的喜爱,收视率一直居高不下。眼下,全国各地的县级融媒体中心的新闻APP尽管呈现出的风格迥异、各有千秋。但却具有较为突出的共同点:从新闻报道内容上去发掘本土化的内涵,聚焦普通老百姓身边的人、身边的事、身边的活动,"在地化"传播得到县域受众的高度认同。

(三)以技术为支撑,促进基层社会治理智能化

县级融媒体中心建设数字平台,往往需要打破部门之间的分割和由此形成的信息孤岛,实现信息在政府内部和市场之间的整体性有序流动,这也是助力政府创新基层治理的重要表现。

一些地方的县级融媒体中心在建设中,以数字化改革为契机,发挥现代化技术手段优势,通过数据赋能、数据共享,对各职能部门之间的数据进行聚合分析和处置,用"数据跑路"替代"人工跑腿",为群众提供精准高效的服务,构建基层社会治理的智能化场景。例如,长兴县传媒集团建设运维云数据中心,可以接入所有的视频监测探头以及其后台数据,并进行了筛选接入的"三屏"系统,构建"智慧枢纽"和基层治理"脑神经",为长兴政务和民生提供基础数据服务,向移动互联网信息服务供应商领域深度转型,成为地方社会管理的重要中心。

三、以架设沟通桥梁为抓手,搭建协商共治平台

总的来说,基层新闻媒体的职能不外乎日常报道、思想灌输和文化传播等几个方面。而传播的主要目的,就是把人民群众组织发动起来,更好地统一思想认识、凝聚社会共识。县级融媒体中心的工作目标,绝不仅仅是当地党委政府的"传声筒""通讯兵",而应该架起党委政府和群众的连心桥,实现上情下达和下情上达。县级融媒体中心作为最接地气的主流媒体,只有为广大民众提供主动参与和自由表达的沟通互动平台,才能形成真正意义上的党媒主导、各方参与、市民欢迎的"家门口"社区信息枢纽。

(一)设置议题,引导群众参与

社会治理就是多元主体的协商合作。县级融媒体中心建设要顺应时代需要,以重建社会公共性为重点,积极参与基层重建的重大进程,通过带动民众在基层融媒平台上共同讨论社会、村庄的社会公共服务,提高他们的社会参与度、认同感和合作力。

县级融媒体中心应当成为公共政策议题的设置者和推进者。当地方政府发布政策之前,可提前在媒体设置议题、话题,引导群众主动参与,加大宣介、阐述理念、澄清事实、引导观点,并通过开辟媒体评论区"第二舆论场",使问题得到进一步的推进,力促政府依法决策、科学决策。小到道路命名、公园基础设施配套,大到学区划分、政府帮扶政策、美丽乡村建设等,都可动员群众到县级融媒体中心网络平台上发表意见、征集项目设计创意。同样,县级融媒体中心也

要和地方有关的政府部门交流,使"开门纳谏"得来的看法和建议能被迅速发现、及时研究、合理吸收。

(二)开设窗口,鼓励群众发声

治县理政,当常态化听取民声。作为县域社区资讯中枢的融媒体中心,要建立多元主体耦合互动平台,鼓励支持群众主动发声、吐露心声,为进一步畅通社情与民意表达途径做出传媒贡献。

县级融媒体中心为政府部门与市民群众建立网络互动交流平台,在实际工作中赢得了各界的广泛信赖。例如,我国县级传媒中心建设的"标兵"长兴传媒集团,构建起"民生问政、服务问效"的媒体监督平台,打造在当地有影响力的监督品牌。县里与民生有关的几大部门主要负责人轮流做客《直击问政》专栏的演播间,与百姓面对面交流意见、解决热点堵点问题,一个群众反映、媒体问政、政府答复、地方党委监督的闭环制度逐渐完善,而许多积存已久的社会问题,在节目中被披露后,也迅速地获得解决。象山县融媒体中心为推动全国文明城市创建工作,在市民论坛、"山海万象"App 移动平台上开通"文明啄木鸟"专题,面向全县居民招募义工参加文明"随手拍";并通过县里的"民声回应"工作平台,形成融媒体中心、县有关单位、社会各界齐抓共管的城市创建长效机制。民意表达渠道畅通了,公共政策的监督评价和反馈就更加的高效。融媒体多样化的平台特点赋予监督过程更加有力,评价方式多元,反馈结果更加准确。

(三)舆情管理回应群众关切

基层事务千头万绪,民众需求日益广泛,突发热点事件易发多发,在大互联网时期的网络舆情燃点低、强度高、传播快的态势下,稍不留神就可能造成不良社会影响。

县级政府建设的全媒体网络平台,是离民众最近、最直观的网络应用平台,也是最能真实反映当地群众利益需求的网络平台。要积极运用县级政府融媒平台,高度重视舆情监测功能的建立,深挖网络平台与本地相关的各类论坛和自媒体的海量信息和舆情数据,依托政府系统内舆情专家队伍的智慧支撑,开展综合统计分析;把握各地人民最关切的焦点问题,剖析舆情易发高发范畴,关注人民利益需求聚集点,系统评估地方经济文化发展状况,提前发现社会矛盾和重大舆情风险;寻找着力点、关键点,制定有效解决措施及政策,真正做到引导群众、服务群众,消除舆情产生的社会土壤,实现舆情的源头控制。

四、以聚合各方资源为抓手,履行社会服务职能

(一)提供公共服务

与"下沉"的商业性媒介公司不同,深嵌在区域党政系统中的县级融媒体中心,通常具备了拥有相当县级政务与公共数据资源、打通各职能部门管理壁垒的优势。很多县级融媒体中心引入与人民群众利益息息相关的民生类、业务类和新闻类等资源,并提供了统一的公共信息出入口,为广大基层民众提供快捷方便的信息服务。包括了县域的社区服务、社会救济、就学就业、社会养老、扶贫帮困、纠纷化解等各个方面。如象山县传媒中心以数字化改革为契机,着力构建数据融合、业务协同的公共停车服务体系,在成功

破解县中心城区交通拥堵和停车难题的基础上,综合运用云计算、物联网、人工智能等技术,加速迭代升级"智慧停车"业生态,助力"城市大脑"建设,同时承建七省十城"智慧停车"项目,注册用户超过100万人次。兰溪市融媒体中心利用"兰精灵"APP与市社会矛盾纠纷调处化解中心共同打造"网上矛调中心",成为群众解决矛盾纠纷、发表意见建议、困难求助的首选平台,实现矛盾纠纷化解由"最多跑一地"向"一地不用跑"的转变。

(二)做优线上服务

在全球抗疫的大背景下,企业群众的线上服务需求、数字化转型持续提升,所带来的是对日常生活方式、企业组织方式以及价值观的重塑。县级融媒体中心可以借助自身宣传的途径和新技术方式,为当地群众和中小企业提供多种线上服务,在履行责任、体现传媒担当的同时,又可以进行经济效益的创收。例如,为农民直播带货、开展线上购物、助力复工招工等。疫情期间,瑞安市融媒体中心专门推出"瑞安抗疫便民服务平台",除了向广大市民提供每日菜价、超市商店营业时间等生活服务类信息的查询,还积极提供发热门诊、定点医院查询等多元服务,尽力帮助民众解决生活中的困难。鄞州区融媒体中心与人社部门联合作,在"鄞响"客户端打造"千企万岗"频道和"鄞企复工权威指导",做到应聘者、用工单位、人力资源机构"无缝衔接",赢得各方好评。

五、传播党的声音,建立良好的舆论生态

为了增加县级融媒体的发声音量,需要深度整合县级

目前的广播、电视、电台、报纸资源,充分发挥他们在不同领域的优势所在,利用新媒体资源,达到"1+1>2"的传播效果。如果仅仅停留在媒介的融合是吸引不到本地人的关注,进入互联网时代,一般信息不再是稀缺品,大家在其他媒体账号上能关注到的内容不需要在本土的官媒上重复观看。更多人希望能够在本土官媒的账号上看到不一样的内容,思想深刻、贴近生活、便民利民的专业内容目前在县级融媒体中心的报道中仍然稀缺。县级融媒体在这个过程中不能仅仅是自产自销、传播新闻,而是要立足于政策,真正挖掘出有效信息,转变报道思路,以建设性新闻为导向,服务群众。

六、畅通民声渠道,推动多元社会治理

在缺乏资金、人力、技术下,县级媒体融合做不过省台和中央,只能联合其他媒体注册新媒体账号、开发媒体融合报道矩阵,但是达不到想要的效果。在硬件缺失的情况下,县级融媒体中心可以从软件入手。

一方面,做好本土化服务,打造媒体+政务、媒体+服务。县城大多数都有自己的行政服务中心,但并不是所有的手续都可以满足一站式办齐的需求,有些复杂的手续甚至需要群众前往多个地方。县级融媒体中心可以在自己的App上提供一条办理相关手续的预约通道,让市民可以通过App提前预约自己要办理的服务。如果技术暂时达不到可以从科普做起,告知如何办理相关手续。

县级媒体可以挖掘当地的名人轶事、配上图片和短视频,发展当地的旅游事业。很多远在外地的人会对当地的文化、历史、民生等问题感兴趣,在旅游节期间,县级媒体可

以在公众号上发布游玩攻略、预约通道。从此次调研的结果来看,虽然有部门的县级融媒体中心已经开始尝试建立公共服务功能,满足民众的日常生活需要,但是这些公共服务平台主要还是依靠大的App提供服务,没有结合本土区域特色提前做出测评或者给出官方指导意见。同时这些公共服务平台以单向为主,用户不能在使用过程中发表自己的看法,给其他人提供选择的思路,因此应该开辟民声表达通道。例如县级融媒体中心可以结合自身特色,与当地网红合作开辟一个服务专区,共同推进本地的特色餐厅在哪里、找工作的相关资讯、本地企业的联系方式、社区团购等,将分散的资源一个个衔接起来,服务好群众,既弥补了县域公共服务匮乏,也提升了民众生活治理和旅客选择困难。

从另一个层面上来看,媒体想要参与社会治理,除了强化主流舆论,还能通过增加群众政治参与度,促进社会多元化发展。当前县级融媒体中心更多是报道地方政府领导政务活动、传播企事业单位的政务新闻为主,但是这些新闻播出后除了电视收视率之外并不能得到反馈,有些热心群众想为地方发展建言献策但是没有反馈渠道。甚至有些群众如果有对于意见或者不满只能通过当地信访局,受理时间长,需要跑的次数多,大多数民众没有精力。在"北京昌平"的App上提供了"问政"板块,几乎每天都会收到几十条的问政信息,反馈极速快,基本上群众反映问题第二天就能收到相关单位的答复。在黄冈县级融媒体中心的"云上系列",虽然有提供类似的板块,但采用度并不高,甚至有的半年都收不到群众一条反馈意见。在一个健康的社会中,畅通民声渠道需要多方部门的联动配合,只有真正能在线解决百姓的问题,才能激发民众政治参与热情,社会治理水平自然提升。

七、挖掘农村品牌IP,打造乡村振兴内生动力

县级融媒体中心的建设,为脱贫攻坚提供了良好的机会和平台,也为"三农"注入了新的活力。以前,在县地区一般都是通过传统媒体对当地的农产品、旅游产品进行推广,这样一来覆盖面积有限,传播质量也不甚理想,当地人不看本地台,外地人看不了本地台。融媒体时代的到来可以通过短视频、图文等多种形式帮助农民推广农产品,也让更多人有机会接触和了解到本地产品,全面提升农产品、旅游产品等知名度,提高农民收入。从2020年黄冈市复工复产的几次县长带货直播中可以看出,电商助农的形式取得了巨大的收益。

第一,挖掘农村品牌IP,实现优势品牌扶农。在当前社会,好的产品固然重要,好的营销模式也能起到事半功倍的作用效果。如果没有办法在广告上有过大投资就需要在创新、服务上下功夫。抖音上现在有很多助农或者农民自己的账号,他们都是通过自己朴实的表达、有个性的表演方式获得粉丝的认可,从而达成交易。县级融媒体应在帮助农民摆脱贫困的过程中,设身处地为农民着想,帮助农民挖掘自身特色、打造优质的农村品牌IP,从而盘活区域经济。

第二,策划开展农产品推介活动,定期组织官员带货。融媒体中心可以定期开展农产品展销会,通过主持人的讲解让更多人了解本地产品,还可以组织各级党政领导走进直播间,与当地农民互动,与粉丝互动,帮助农民带货。

当前,国家高度重视乡村振兴的建设,农村的发展需要

县级媒体的力量进行扶持,也离不开当地电视台的宣传。通过建设性新闻的引导、农产品的推介能有效防止已脱贫的人口再次致贫,稳固脱贫成果。同时助力乡村经济,花大量的精力去扶持农村发展,帮助乡镇策划产品推介活动,打通农产品的推销渠道也是县级融媒体作为基层媒体的职责所在。不能让农民付出了心血但是产品仍然卖不出好价钱。县级融媒体中心可以通过正规的销售渠道和平台,用专业的服务帮助农产品走出乡村连接社会,提升农产品的附加值,为乡村振兴贡献力量。

第三节 融媒体时代社会治理传播机制创新策略

媒体作为社会治理主体之一,承担着新闻生产、信息传递、舆论引导以及维护社会秩序的责任,通过占领舆论阵地、激活主体活力、畅通参与渠道、参与公共服务供给等方式呼应时代需求,彰显媒体公共性,承担社会责任,发挥社会治理主体作用。

一、融媒体时代媒体嵌入社会治理的新语境

随着我国对社会治理内涵理解的不断深化、治理场域的变迁、治理逻辑的迭代使得媒体参与社会治理的作用、地位、方式、焦点都发生了巨大的变化。在互联网技术和大数据技术的推动下,媒体自身也在经历着沧桑巨变。媒体从内容生产、传播手段到体制机制都将发生颠覆性的变革,也将以融媒体的形式嵌入社会治理体系,也必然会发挥不可

替代的作用,展现独特的优势特点。

(一)提升社会治理效能对媒体嵌入社会治理体系提出新要求

从2013年首次提出"创新社会治理体制"到2019年十九届四中全会提出"完善社会治理体系"的新目标,政府和社会不断提升对社会治理的认知,不断创新社会治理方式,不断拓展社会治理的内涵。作为社会治理主体之一的媒体更应适应新要求,逐步提升参与社会治理的能力,进一步放大媒体助力社会治理的作用和效能。

首先,从"社会治理体制"到"社会治理体系"的转变要求媒体不仅能够为社会治理所"用",更要能够成为社会治理"体"中的一部分,解决社会治理"体"的问题。党的十八届三中全会首次提出要"创新社会治理体制",党的十九届四中全会则将"社会治理体制"改为"社会治理体系"。从"体制"到"体系"的转变代表着我们对社会治理的复杂性、系统性、多目标性、多主体协同性有了更深层次的认识,社会治理进入系统谋划、全方位协同的阶段,也呈现出社会治理对媒体的新要求。媒体要在建设和完善"社会治理体系"方面发挥作用,凝聚共识,"做好社会治理的多目标优化",平衡多元主体的共同利益;搭建桥梁,完善信息共享体系,实现多元主体的协同效应;借助大数据、云计算等信息技术,完善数据库,服务社会治理的决策制定和决策落地,提高社会治理的预见性、针对性、时效性。

其次,将"民主协商"纳入社会治理体系需要媒体进一步彰显其开放性、互动性、公共性的特点。十九届四中全会通过的《中共中央关于坚持和完善中国特色社会主义制度、推进国家治理体系和治理能力现代化若干重大问题的决定》中将"民主协商"纳入社会治理体系,指出"必须加强和创新社会治理,完善党委领导、政府负责、民主协商、社会协同、公众参与、法治保障、科技支撑的社会治理体系"。

这意味着社会治理下一阶段的主要任务是将民主协商的制度优势转化为社会治理效能。媒体要能够实践其开放性和互动性,建立最广泛的社会链接,畅通协商渠道,丰富沟通方式,做到沟通渠道便捷可触,成本低,意见问题快速回应,能互动。媒体还要能够彰显其公共性,聚焦热点、难点、痛点,反映人民群众最真实的需求,提供专业化、精细化的公共服务。

再次,科技支撑为完善社会治理体系的内容之一,要求"媒体能够利用新的信息与传播技术为社会治理提供智能化场景"。科技的发展是创新社会治理方式、丰富社会治理手段,提升社会治理认知的重要推动力量和支撑力量。媒体需要综合运用大数据技术、互联网技术、物联网技术等科技发展力量搭建社会治理的数据库和服务平台。实现治理行为信息化、治理流程智能化、治理决策科学化,系统优化社会治理的工作流程,为社会治理制度的设计特色化、执行精细化提供支撑。

(二)融媒体时代媒体社会治理功能的解构和重塑

融媒体时代媒体在自身信息生产方式、信息传播结构、信息传递路径发生变革的同时,也以新的身份更加深入地融入社会治理体系,承担社会责任,发挥独特且不可替代的作用。

首先,融媒体时代舆论生态的深刻变迁对社会治理提出新的挑战。融媒体时代的舆论生态呈现出以下特点：

1.舆论监督的主体大众化

我国人口众多，日常使用互联网的网民数量更是可观，几乎人人都拥有手机、电脑等通讯工具，每个人都有能力在某个瞬间成为社会新闻的发现人、媒体信息的传播人以及热点事件的评论人，这些人都是当代社会舆论监督的参与者。便捷轻巧、可随身携带的摄像头和麦克风使群众更加积极深入地参与到融媒体时代的舆论监督中来，但与此同时，伴随着舆论监督主体愈发多元多样，信息产生的源头也愈发随机扩散，使得国家相关平台对于舆论舆情的管理控制难度加大。

2.舆论监督的时效性提高

当人们利用一支智能手机就可以完成对信息的发布传播时，舆论监督的对象就变成了我们周遭最普遍亲近的人物与事物，因此，对他们进行的审核和监督管理过程就变得极为简洁甚至不存在。人们可以随时发现事件，随时拍照描述，随时上传网络平台，这就大大提高了舆论监督的新闻时效性。

3.舆论监督的效果显著

融媒体时代背景下的舆论监督时效性高，信息发布及时，平台扩散速度快，群众自主参与度高。同时，主流媒体对于社会事件常常进行深入的了解参与，这就大大提高了舆论监督在普通民众心目中的社会公信力，即便偶尔有信息不对等，事实捏造失实的问题发生，但舆论监督对于社会的言论引导具有非常重要的作用。

4.舆论监督容易造成互相关联放大的影响

在开放自由、互通有无、联接便捷的互联网浪潮影响下,一个细微简单的事件非常容易发酵扩散成为一个影响主流舆论风向的社会事件。舆论监督扩散向多个角度多个方向,在舆论狂欢中甚至还会追根溯源。

其次,媒体从治理工具到治理主体的角色转变更加完善了媒体的社会治理功能。媒体作为信息传播的载体,在社会治理体系中一直被视为是公开政务信息、监控社会舆论、加强社会互动交流的工具。媒体作为设置议题、传递信息、营造舆论场域的社会组织,也是社会治理主体中不可或缺的一环。从治理工具到治理主体的跃迁意味着媒体将从被动参与社会治理转变为主动融入社会治理。媒体不再是发挥单一功能,被其他社会主体分裂化使用的信息发布工具。媒体将主动连接各个社会治理主体,形成广泛的社会链接;以媒体为中心整合各类社会资源,发挥社会主体的协同效应;不断开拓业务范围,提供多样化、专业化的公共服务;以技术创新推动社会治理创新,实现社会治理的高效智能。[1]

二、融媒体时代媒体嵌入社会治理的特点及作用

(一)媒介融合,创新治理方式

融媒体从物理拼接式的简单相加到内容生产模式的流程再造,实现了内容生产个性化、信息传播全覆盖、互动交

---

[1]杨柳.融媒体时代媒体嵌入社会治理的语境、作用及创新[J].新媒体研究,2022,8(04):88-91.

流社交化、用户体验智能化,激发了多元社会治理主体的活力,营造了政府与社会的对话空间。

在融媒体时代,政务信息并不是简单的借助媒体渠道发布,而是被当作"产品"以符合观众习惯和喜好的方式生产和传播。通过传统媒体和新兴媒体的内容资源共享,实现了同一内容以多种形式呈现在"报、网、端、微"的融媒体矩阵中,确保了信息全覆盖。在新兴媒体的影响下,媒体冲破传统的封闭式新闻生产和发布模式,利用微信、微博、短视频等新媒体平台使普通受众可以不受时间、空间的限制获取信息、发布信息、参与讨论,使受众从"围观者"成为"生产者",打造了开放的舆论空间。老百姓可以自由地、直接地表达需求、提出质疑、提供建议,政府与老百姓之间的沟通更加及时、准确、畅通。各个社会治理主体之间也能够更加准确地获取政策信息、更加精准地分析社会需求,更加及时反馈问题,降低了参与社会治理的成本,提高了各主体之间的协调效率。

(二)功能拓展,提升治理效能

媒体的社会治理功能不断拓展,在做好"传声器"宣传、解释政策法规、发展思路的同时还应该更好地把握社会发展情况做好社会风险的"感应器",畅通沟通渠道做好社会的"稳定器",不断提升社会治理的针对性和时效性。

传统媒体只能够提供信息产品这种单一品类的公共服务。融媒体时代,媒体的公共服务供给优势和功能被极大地发挥和拓展,"媒体+政务""媒体+服务""媒体+公益"等形式不断推动媒体深度融入社会治理体系。融媒体的互动性、社交性能够保证群众的需求被真实、完整地收集和归类,借助大数据手段又能实现对数据隐含信息的挖掘和分析,实现对公共服务需求的垂直细分,提高公共服务的供需精准匹配度。融媒体凭借其枢纽地位可以建立起公共服务供给主体之间的联动网络,这意味着公共服务需求进入联动网络后可以不需要主体间的谈判、协商而直接完成资源的匹配,并使公共服务供给主体形成集体行动。这种网络化的联动可以提高公共服务的生产效率,提升对公共服务需求的回应效率。

(三)技术赋能,推动治理现代化

媒体融合发展离不开信息技术的迭代和更新,随着媒体进入智能化发展阶段,智能媒体将拥有强劲的联通能力、分析能力和整合能力。在参与社会治理的过程中也会促使更多的技术融入社会治理体系中,通过技术赋能构建"最强大脑"、盘活治理资源,推动社会治理现代化。

技术赋能构建"最强大脑",提升社会治理决策科学化水平。媒体作为信息交换的前沿阵地,掌握大量的原始信息和数据。一方面这些海量的数据和信息可以作为社会治理决策的依据,有效地避免了依据经验做决策的主观性和片面性,保证了决策的精准、有效。另一方面海量信息和数据的情景化捕捉、瞬时传递和高效分析,可以获取最真实、最全面、最系统的数据,提升决策的时效性。辅助决策的信息量越大,信息来源越广泛,决策的普惠性和实用性就越强。

技术赋能资源高速运转,搭建治理平台。媒体可以通过大数据、人工智能等技术为资本、产业、技术提供接入端口,实现社会治理多方主体的连接。通过数据联通、打通各领域、各行业、各区域、各类社会组织之间的资源和信息壁垒,组建社会治理资源汇聚平台,实现政务、商务、医疗、卫生、教育等公共资源的高速运转、整合利用,突破各组织、各部门、各机构间的条块分割,促进协同共建。

三、融媒体时代媒体嵌入社会治理的改革与创新

(一)创新内容生产,提升信息传播力

媒体作为信息的生产者,确保信息有效覆盖并顺利到达受众是其立身之本,也是对媒体内容质量、传播渠道、传播方式的检验。传统媒体由于内容形式单一、传播渠道和覆盖面有限等因素加之新兴媒体的崛起,使其用户大量流失,传播力下降。传统媒体和新兴媒体融合发展,增加了传统媒体的传播渠道,传播力增强,覆盖面显著扩大。

迎合用户需求,适应用户的阅读习惯,吸引用户关注是媒体生存的基本要求,也是提升媒体传播力的关键因素。因此,媒体要坚持用户至上的原则,持续生产有品质、有市场的优质内容。改变传统媒体"我写你看""我读你听""我播你看"的传统模式与格局,研究受众的心理和需求,从受众的主体意识出发采编信息。充分利用融媒体时代"人人都是信息源"的特点,将受众发布的信息作为重要的信息来源,通过二次加工生产优质内容。借助大数据、互联网等信息技术对受众的喜好、阅读习惯等深入研究,做好垂直细分受众与媒体产品和渠道的精准匹配,做到内容精准,满足需求,渠道方便、快捷。更重要的是不能将传统媒体的内容简单地挂在新媒体的渠道中,使新媒体成为传统媒体的外挂小模块,要通过媒体融合撼动原有工作流程,实现内容生产

流程再造。

（二）发挥主流媒体的作用，提升舆论引导力

媒体营造的舆论场是凝聚社会认同，扩大社会共识，减少社会矛盾，调节社会关系，弥合社会断裂的重要场域。坚守舆论阵地，精准高效地引导舆论是媒体的使命和责任。媒体融合发展时代，舆论发展显现出新的特点，媒体的舆论引导也面临新的挑战。一是"两个舆论"需要融合发展。随着新兴媒体特别是社交媒体的日益普及，形成了以新兴媒体为核心"网络舆论场"和以新闻媒体为核心的"主流媒体舆论场"。二是融媒体时代改变了人们参与社会问题的模式，打破了传统的媒体主导格局，受众能够自发地形成信息传播闭环，权威被重新定义。三是场景式、互动式、社会式的舆论传播方式更容易刺激、烘托、传导情绪化的、非理性的信息。

因此，融媒体时代更要发挥主流媒体的价值引领和思想导向作用。主流媒体要主动参与热点事件的讨论中，使群众关注的问题得到澄清和解答，避免失实信息和片面信息误导群众；引发更深入的思考和讨论，防止负面情绪的渲染和传播。培养和塑造符合受众喜好和风格的"意见领袖"，打造具有人物风格的主流媒体IP，输出观念，提供解释或建议，帮助地方民众明辨是非，引导其做出正确价值判断。

（三）深耕基层聚焦问题，提升社会影响力

媒体的社会影响力是媒体综合实力的体现，不仅体现在媒体的发行量、覆盖面、收视率、点击量、转载量等量化指标，更是体现在通过信息传递和舆论引导能否改变群众的行为，能否促进更多人发生共同行动，能否解决社会问题，能否引发社会变革,能否推动社会进步。

目前,在各媒体平台上的地方媒体发布的信息缺乏特色,存在泛娱乐化的问题。媒体为了"流量",为了吸引"眼球"模糊焦点,生产强同质性的内容,这样只能赚取播放量和点赞量,不能真正解决社会问题。因此,各级媒体一定要推动关注点、资源不断下沉、嵌入地方特色,聚焦本地问题,反映基层需求,讲好地方故事。例如,惊艳全国、广受好评的河南春晚节目《唐宫夜宴》将河南博物馆的文物与舞蹈相结合,《天地之中》以宇宙为主题结合5G+AR技术展示了时间跨度2000多年,包括周公测景台和登封观星台、嵩岳寺塔、太室阙和中岳庙、少室阙、启母阙、嵩阳书院、会善寺、少林寺建筑群等8处11项优秀历史建筑。节目播出之后,瞬间在微博、微信、抖音等各大媒体爆火,在赚取流量的同时也为河南的城市宣传拉了一波关注,宣传了河南的文化。

(四)坚守媒体底线,提升媒体公信力

媒体公信力是参与社会治理的基础,是媒体职业素养和能力的反映,是人民群众对媒体的认可和信任。融媒体时代,每个人都可以自由地通过互联网端口上传和下载信息,广泛的社会连接带来海量内容的同时,也容易产生虚假信息和无效信息,真正有价值的信息反而被淹没,这就使得媒体公信力下降。打造融媒体的公信力首先要发挥主流媒体真实、权威、理性的特点,坚决执行"三审三校"制度。不为了追逐流量而放松对新闻的实地走访、深入调查,做到真实、准确、全面、客观。其次,面对热点事件和热点新闻,不为了蹭"热点"、猎奇而丧失媒体的独立思考能力,做到对新闻的理性解读、客观分析、正确引导。再次,在选择信息呈现形式和传播渠道的时候一定要贴近实际、贴近生活、贴近群众。只有聚焦基层实际需求的媒体才能有效参与社会治理的实践,感知社会风险、化解社会矛盾、提供解决方案、提升媒体传播力、引导力、影响力和公信力。

参考文献
REFERENCE

[1]《广电媒体融合发展进行时》编委会.广电媒体融合发展进行时[M].北京:中国广播影视出版社,2021:60.

[2]邓双.《人民日报》客户端新闻直播的传播策略研究[D].郑州:郑州大学,2019.

[3]宫承波.新媒体概论[M].北京:中国广播影视出版社,2021:81.

[4]郭琪.融媒体语境下的新闻传播理论探索[M].长春:吉林出版集团股份有限公司,2020.

[5]郭迎春.县级融媒体中心的运营机制探索[D].海口:海南师范大学,2020.

[6]何泓江.《社交媒体、大众文化和大众传播中的认知战》(节选)翻译实践报告[D].郑州:战略支援部队信息工程大学,2022.

[7]何世锋.新闻直播过程中的应急处理[J].视听,2018(05):135-136.

[8]李广欣.出版社微信推文编辑策略的传播效果研究[J].科技与出版,2017(09):124-130.

[9]李万才,王孟广.融媒体与频道节目运营[M].北京:

中国广播影视出版社,2019.08.

[10]瞿佳.基层政务新媒体运行现状及其提升策略研究[D].恩施:湖北民族大学,2022.

[11]孙建军.新发展格局下县级融媒体参与基层社会治理的路径探讨[J].记者观察,2022(06):136-138.

[12]万可卓,占莉娟.我国科技期刊微信视频号运营现状及优化策略研究[J].传播与版权,2023(04):35-41.

[13]王宏.融媒体实务[M].北京:中国传媒大学出版社,2020.

[14]吴彦臻.社交媒体的"书写"——艺术面向公众的网络现场[D].西安:西安美术学院,2022.

[15]肖灿.融媒时代的新闻传播途径研究[M].长春:吉林人民出版社,2019.

[16]许安娣.电视直播音频准备工作的要点思考研究[J].电脑高手,2021,(第3期).

[17]许盛循.融媒体背景下电视民生新闻的创新与发展探究[D].哈尔滨:哈尔滨师范大学,2016.

[18]杨柳.融媒体时代媒体嵌入社会治理的语境、作用及创新[J].新媒体研究,2022,8(04):88-91.

[19]尹靖.社会治理视域下县级融媒体中心发展研究[D].长沙:湖南大学,2020.

[20]袁鑫.媒体融合时代贯穿正确的舆论导向研究[J].电视指南,2017(15):148+164.

[21]袁鑫.新媒体环境下提升主流媒体舆论影响力的思考[J].采写编,2016(05):57-59.

[22]赵敏,刘庆,陈珊珊.新媒体编辑[M].北京:航空工业出版社,2021.

[23]郑亮作,杨先顺,张晋升.县级融媒体中心和基层社会治理研究[M].广州:暨南大学出版社,2020.

[24]曾明睿.社交媒体中的文本挖掘方法研究[D].南京:南京邮电大学,2022.